跨越的风景

景观桥梁"四维"创新理念与实践

丁建明 著

东南大学出版社

南京

图书在版编目（CIP）数据

跨越的风景：景观桥梁"四维"创新理念与实践/丁建明著. —南京：东南大学出版社，2021.12
ISBN 978-7-5641-9793-3

Ⅰ. ①跨… Ⅱ. ①丁… Ⅲ. ①路桥-景观设计 Ⅳ. ①U448.142.5

中国版本图书馆CIP数据核字（2021）第231294号

责任编辑：张新建　　装帧设计：余武莉　　责任印制：周荣虎

跨越的风景——景观桥梁"四维"创新理念与实践
KUAYUE DE FENGJING: JINGGUAN QIAOLIANG "SIWEI" CHUANGXIN LINIAN YU SHIJIAN

著　　者：	丁建明
出版发行：	东南大学出版社
社　　址：	南京四牌楼2号　邮编：210096　电话：025-83793330
网　　址：	http://www.seupress.com
电子邮件：	press@seupress.com
经　　销：	全国各地新华书店
印　　刷：	徐州绪权印刷有限公司
开　　本：	889mm×1 194 mm　1/16
印　　张：	15.75
字　　数：	300千字
版　　次：	2021年12月第1版
印　　次：	2021年12月第1次印刷
书　　号：	ISBN 978-7-5641-9793-3
定　　价：	188.00元

本社图书若有印装质量问题，请直接与营销部调换。电话（传真）：025-83791830

心之所向，行之所往

希望更多的桥梁成为中国大地上美丽的跨越风景

两水夹明镜，双桥落彩虹

1996 年，我在东南大学交通学院担任院长时，丁建明教授是交通设计院的院长。他在做交通设计院发展规划时，决定把景观桥梁的研究和设计作为重要的方向，我非常赞成在桥梁设计中充分考虑桥梁功能和桥梁景观艺术的关系。2001 年，我邀请国际著名专家林同炎到东南大学讲学，我们向他请教了桥梁景观设计的想法，林先生给了我们很多宝贵的建议，也坚定了我们充分发展桥梁景观设计的计划。国际桥梁大师邓文中先生在南京长江二桥建设时期与我带领的东南大学团队有紧密的合作，我们也有机会向他请教国际桥梁设计中的艺术理念。

Ruck-A-Chucky 桥设计方案：林同炎与合作者 D. Auan Firmage 作品。桥长 396 米，空间曲面索锚固于两侧山体之上，巧妙地利用山体岩石自重及岩体地质特性平衡桥梁荷载。该方案曾于 1979 年获美国进步建筑奖设计首奖。

二十多年来，丁建明教授带领的东南大学桥梁景观创作设计团队已完成了许多建设性的工作。他们提出包含"结构表现、建筑文化、环境协调、体验多元"的"四维理念"，并由此进行了桥梁景观创新设计。这一设计理念反映了人、桥、文化、环境的融合与协调，与中国传统建筑的"天人合一"哲学思想一脉相承，积累了创新景观桥设计理念的丰富经验，这些设计理念在京津冀、长三角、粤港澳大湾区、成渝及西部地区等全国二十多个省市的三十多个工程中进行了应用，这些各具特色的景观桥梁设计在功能实现、景观艺术、文化传承和环境协调等得到了充分的体现，同时获得了当地老百姓的喜爱和肯定。

丁建明教授带领的团队非常注重与国内外专家、同行进行交流和学习。他们经常向齐康院士、何镜堂院士、王建国院士等国内大师请教学习，先后与法国、美国、丹麦等境外一流建筑师事务所开展广泛而深入的合作，同时与国内中交建设集团所属的设计院、中铁大桥勘测设计院集团设计院有限公司、上海市政工程设计总院（集团）有限公司、河北交通规划设计院、华南理工大学建筑设计院有限公司等国内一流设计院开展项目合作与交流。团队运用"四维理念"主创设计了2022北京冬奥会重大保障项目延崇高速公路太子城"冰雪五环"景观桥、主跨2300米（世界第一）张靖皋长江大桥桥梁景观设计、深圳前海合作区的7座景观桥等一批服务国家战略、具有重要影响力的景观桥设计项目。他们最近正在研究的京港澳高速公路广州至深圳段改扩建项目桥梁美学专项设计则更是"四维理念"在高速公路设计上的积极应用，我非常高兴地看到丁建明教授的团队得到国内外同行的充分认可，成为国内景观桥梁设计行业最具影响的团队之一。

景观桥梁工程以服务人为宗旨，其对景观价值的追求契合了人民对提升生活品质的追求。能否满足"人民对美好生活向往"是景观桥梁景观价值评判最重要的标准。随着时代发展，景观桥梁的景观价值挖掘与创新已成为行业新的发展趋势和研究热点。

心之所向，行之所往。我期望东南大学景观桥梁创作团队保持初心，遵循自然与科学的准则，扎根于中华优秀传统文化的沃土，打造出更多形态与内涵兼备的设计作品，让更多桥梁成为中国大地上美丽的跨越风景。景观桥梁的设计理念能够不断创新、与时俱进，在将来科学地指导景观桥梁进行工程实践。

2021年12月于北京

前言

"两水夹明镜,双桥落彩虹"。大诗人李白给我们呈现的是一幅桥水相映、双桥并美的动人图画,双桥之美也让我们从一个侧面窥见大唐的盛世气象。而北宋张择端《清明上河图》中的编梁木拱虹桥则拉近了我们与历史的距离,体现出桥与城市和人的和谐相处,让我们从中领略到其所蕴含的绵长隽永的美感。由此可见,作为一种与人生活息息相关的开放式公共建筑,桥梁之美自古有之。

桥梁建筑是时代的坐标,是凝固的文化,它表达和反映着时代的进步和时代对文化、审美的追求。社会、城市和人民都对桥梁的建设成效怀有很高期望,希望环境中的桥梁不仅仅是一座实现交通功能的构筑物,更希望它是一件能真正美化环境、沟通心灵、塑造风景的艺术品。

"人民对美好生活的向往就是我们的奋斗目标"指出了景观桥梁设计要围绕"以人为中心"的思想进行创作和创新。顺应人民群众对美好生活的向往,让人民居住的城市更有特色、更有温度,让人民群众的生活空间更宜居、更具品质,提高人民的幸福感,这些都是我们每个桥梁从业者义不容辞的责任。

《清明上河图》中的虹桥

桥梁"美"的打造要从对桥梁"美"的认识开始，桥梁的景观品质、功能特性及对周边环境的影响都包含在桥梁"美"的属性范畴。尽管我们有很多具有美学价值的中国古代桥梁的宝贵遗存，但中国传统的桥梁建筑美学多依赖工匠身口相传，鲜有系统性的设计理论传世。然而在西方则大有不同，早在公元前32-22年，古罗马建筑师维特鲁威就撰写了《建筑十书》，书中将"美观"与"适用、坚固"并列为建筑设计的三大要素。

虽然人们很早就开始关注建筑美，但把"桥梁之美"真正作为一门学科进行研究却是在第二次世界大战之后。德国著名桥梁专家弗里茨·莱昂哈特在对世界各国桥梁考察并进行美学分析的基础上，于1982年出版《桥梁——美学与设计》一书，建立了他的桥梁美学理论以及桥梁美学设计准

维特鲁威肖像

则，进而形成完整的桥梁美学体系。1991年美国全国研究协会所属的运输研究会出版了《环球桥梁美学》，这本书集中了全球24位杰出桥梁工程师与建筑师关于桥梁设计美学方面的经验，标志着现代桥梁美学逐渐走向成熟。20世纪90年代，美国桥梁景观设计专家Frederick Gottemoeller将"Bridge"与"Landscape"合成为新词"Bridgescape"，系统定义了桥梁景观设计的内涵，认为景观桥梁设计应达到功能、美学、文化与技术的统一。进入21世纪后，国际桥梁建筑界涌现出一大批富于美学与景观艺术创建的桥梁设计大师，西班牙的圣地亚哥·卡拉特拉瓦就是其中的杰出代表。这些大师的作品都强调自由的流线与多变的结构表现力，彰显出设计者的强烈个性，体现了景观桥梁的独特魅力。

桥梁线条与桥梁结构的个性表现

在国际桥梁美学设计新思潮的影响下，中国景观桥梁设计紧跟时代发展步伐，也在不断向前发展。习近平总书记在清华大学建校110周年考察时指出，"要发挥美术在服务经济社会发展中的重要作用，把更多美术元素、艺术元素应用到城乡规划建设中，增强城乡审美韵味、文化品位，把美术成果更好地服务于人民群众的高品质生活需求"。可见，把美术和艺术应用到桥梁，提高桥梁的审美韵味和文化品位是我们桥梁从业者未来努力的方向。我们要学会用美学和艺术的理论武装自己，并不断探索和创新景观桥梁设计理论。发现桥梁之美，打造美丽桥梁是我们桥梁人理应担负的时代责任。

东南大学景观桥梁创作设计团队于2000年开始进行景观桥梁设计相关的探索与研究，在景观桥设计方面具有得天独厚的优势。东南大学的交通运输工程、建筑学、土木工程、艺术学理论等优势学科为景观桥梁设计研究提供了雄厚的专业根基，也为团队荟聚桥梁、建筑、风景园林、交通规划等各学科高层次专业人才创造了有利条件。依托顶尖交叉学科支持与多专业精英人才团队的优势，各种奇思妙想和生动创意在这里进行聚合、碰撞，这些绚丽的思想不断创新、生长，逐渐融合形成具有"东大"特色的景观桥梁设计"四维理念"。该设计理念主张基于"结构表现、建筑文化、环境协调、多元体验"四个维度对景观桥梁进行创新设计。"四维理念"与"以人为中心"发展思想保持一致，与"生态文明建设""美丽中国""文化强国"等国家战略构想相契合，是团队响应国家号召，积极融入新时代建设浪潮，着力探索和研究景观桥梁设计理念所收获的阶段性成果。设计理念中"结构表现"突出桥梁结构作为景观桥梁设计的审美主体地位，"建筑文化"强调的是桥梁时代特征和文化属性的彰显，"环境协调"则是指注重桥梁与周边自然环境的整体协调设计，"多元体验"则是要求以"人"为设计的关注重点，提高桥梁使用者的安全度、舒适度和快乐度。

景观桥梁创新理念——四维理念

"四维理念"以桥梁、建筑、艺术、历史等诸多学科的交叉为基础，聚焦结构形式与文化创意的融合，形成桥梁结构形态多元化与建筑复合美的外部表现。该设计理念以桥为媒介，讲述文化故事，弘扬城市精神，强调人文属性在桥梁上的觉醒，使桥梁实现"生态、交通、文化、景观"等多元功能融合，打造经得起时间考验的、文化内涵与建筑外观兼备的精品桥梁，并使之成为刻在时代记忆和地域中的文化符号。这一新型设计理念更强调人、桥、环境的互动与协调，以桥梁所处的人文环境、自然环境、建筑环境为背景，以时间为轴，考察其在不同空间时序下的整体景观效果，从而实现桥梁、时间、空间、环境四大元素在设计中的协调融合。"四维理念"的亮点在于首先提出了以"人的体验"为中心进行景观桥梁创作，重点关注人对景观桥梁的视觉感知体验、功能使用体验和综合心理体验。

"苟日新，日日新，又日新"。"四维理念"的本质在于创新，其实质是利用桥梁景观设计哲学来调和人工的桥梁建筑与城市、自然之间的隔离与矛盾，目标是为大众创造美好的生活。桥梁的创意立足于对桥梁所在地丰富文化资源的挖掘以及桥位自然条件的分析，在对地域文脉、地域肌理、地域风貌功能需求详加研究的基础上，实现结构技术之上的创新。新理念下的桥梁设计突出建筑、文化、自然与人四者之间的对话，使桥梁在美学上形成集"结构之美、环境之美、文化之美、体验之美"为一体的综合美的展现，最终实现人、桥、文化与环境的和谐、统一。

四维理念	理念内涵
结构表现	通过对结构形式和材料的创新应用，使结构形态达到力学逻辑与艺术审美的融合与平衡
建筑文化	用现代建筑理念和技术展现文化元素，使桥梁具有地域性、独特性、文化性，展现桥梁的精神内核
环境协调	通过桥与环境的互动、结合打造完整、有机的景观，体现桥与环境的完美"和鸣"
多元体验	搭建人、桥、环境的多向沟通渠道，形成感知、交互、情感的多元体验，构建立体、有味的桥梁印象

根据"四维理念"景观桥梁设计思想，创作设计团队从"结构表现""建筑文化""环境协调""多元体验"等四个维度对景观桥梁的创新设计路径进行了深入研究和实践，并希望通过一些景观桥梁的实际案例让读者对景观桥梁设计"四维理念"能有更全面、直观的认识，也希望这些设计研究成果，能给广大桥梁管理者和建设者在桥梁景观的提升和创作上提供一些可资借鉴的新思路，能为推动和早日建成"美丽中国"贡献一份微薄的力量。

目录

第 1 章　四维理念之结构表现　001

1.1　结构表现理念概述　002
1.2　结构表现理念设计实践　007

案例 1-1：广东深圳前海合作区梦海前湾河桥　007
案例 1-2：广东深圳大沙河桥　013
案例 1-3：青海西宁滨河西路桥　019
案例 1-4：山东威海石家河公园大桥　025
案例 1-5：南京浦口青奥公园桥　033
案例 1-6：云南玉溪大河站前路桥　040
案例 1-7：江苏江阴滨江路跨黄山路桥　046
案例 1-8：江苏扬州观潮路跨运河桥　051
案例 1-9：江苏常州星港路跨京杭大运河桥　057
案例 1-10：高架桥梁工程景观设计　063

第 2 章　四维理念之建筑文化　071

2.1　建筑文化理念概述　072
2.2　建筑文化理念设计实践　077

案例 2-1：中央党校掠雁湖桥　077
案例 2-2：河北崇礼太子城冬奥五环桥　081
案例 2-3：广州人民桥景观提升改造　089
案例 2-4：浙江湖州城北大桥　095
案例 2-5：山西太原清徐跨汾河大桥　101
案例 2-6：南京仙新路跨江大桥景观设计　107
案例 2-7：江苏张皋跨江通道桥景观设计　112
案例 2-8：浙江宁波杭甬三期桥梁桥塔景观设计　119
案例 2-9：江苏昆山青阳港桥梁群方案研究之金浦路大桥　125

案例 2-10：江苏江阴临江路桥　　　　　　　　　　　　　　　129
　　　案例 2-11：江苏如皋长江大桥　　　　　　　　　　　　　　　133

第 3 章　四维理念之环境协调　　　　　　　　　　　　　　　　　137

3.1　环境协调理念概述　　　　　　　　　　　　　　　　　　　138
3.2　环境协调理念设计实践　　　　　　　　　　　　　　　　　142
　　　案例 3-1：浙江湖州马军巷人行桥　　　　　　　　　　　　　142
　　　案例 3-2：南京江心洲景观桥 3 号桥　　　　　　　　　　　　146
　　　案例 3-3：南京太平北路过街天桥　　　　　　　　　　　　　151
　　　案例 3-4：江苏苏州中心人行桥施工图设计　　　　　　　　　155
　　　案例 3-5：江苏如皋龙游河十字拱桥　　　　　　　　　　　　159
　　　案例 3-6：江苏南通百吉桥　　　　　　　　　　　　　　　　163
　　　案例 3-7：江苏昆山青淞路天桥　　　　　　　　　　　　　　171

第 4 章　四维理念之多元体验　　　　　　　　　　　　　　　　　175

4.1　多元体验理念概述　　　　　　　　　　　　　　　　　　　176
4.2　多元体验理念设计实践　　　　　　　　　　　　　　　　　181
　　　案例 4-1：广东深圳前海合作区听海桂湾河桥　　　　　　　　181
　　　案例 4-2：广东深圳前海合作区梦海桂湾河桥　　　　　　　　188
　　　案例 4-3：广东深圳前海公共空间人行桥　　　　　　　　　　195
　　　案例 4-4：四川成都天府绿道人行桥施工图设计　　　　　　　203
　　　案例 4-5：浙江湖州风荷桥　　　　　　　　　　　　　　　　209
　　　案例 4-6：南京桥林胭脂扣桥　　　　　　　　　　　　　　　213
　　　案例 4-7：江苏苏州盛泽镇滨水生态区人行桥　　　　　　　　219
　　　案例 4-8：山东济南新旧动能转换先行区引爆区横一路、
　　　　　　　　横二路大寺河桥梁工程　　　　　　　　　　　　　223
　　　案例 4-9：广东东莞龙涌人行桥　　　　　　　　　　　　　　230

后记　　　　　　　　　　　　　　　　　　　　　　　　　　　　238

Chapter 1

第 1 章
四维理念之结构表现

1.1 结构表现理念概述

所谓结构就是指按一定的规律组成、协同作用,对外承受荷载并能保持安全、稳定的构件系统。从结构的性质来看,其功能性作用相当突出,但结构从其诞生之初就融入了人的创造。追求美是人的天性,也就是说美的属性是结构应具备的天然属性之一。中国古建的斗拱、飞檐,古希腊的柱式、古罗马的穹顶等都无一不体现出结构与审美的统一。

斗拱、飞檐在桥梁建筑中的应用

随着科技的进步，对结构力学规律的认识越来越透彻，新材料、新工艺也得到迅速发展，这些都极大地推动了技术美的发展。新建筑思潮的不断涌现，也对桥梁的建筑审美产生了重要影响。比如包豪斯学派主张：艺术与技术的新统一，设计的目的是人而不是产品，设计必须遵循自然与客观的法则来进行。其代表人物密斯·凡德罗提出"少就是多"建筑设计哲学。20世纪80年代，普林斯顿大学的大卫·比林顿教授则提出了与建筑艺术平行的"结构艺术"概念，构建了"高效（Efficiency）、经济（Economy）、优雅（Elegance）"的"3E"原则。

"四维理念"的结构表现设计思想则追求结构表现的多元属性和丰富可能性。结构表现的营造是为了力求打破我们对传统结构认识的惯性思维，让结构的形态在满足基本力学逻辑的同时更具有生命力和不断演化进步的可能，从而实现结构从功能到审美的艺术升华。这种从技术到形态的演进需要在探索实践和自我否定中实现不断提升，同时要求设计与施工技术随之共同进步。

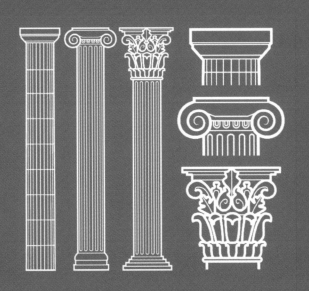

罗马柱式

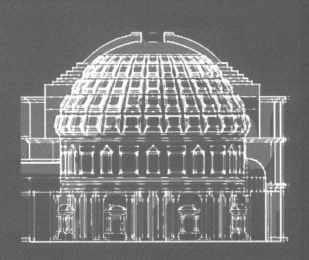

万神殿穹顶

密斯·凡德罗　1929年巴塞罗那世界博览会的德国馆

　　结构表现是多元、综合的结构美的呈现。结构美应包含建筑美和技术美两个方面。建筑美可以是古典的也可以是现代的，它应该是所有具有美学内涵的建筑规则与样式的综合体。技术美以飞速发展的科学技术为基础，更能体现时代发展的特征，彰显结构的力量与技术创新。建筑美和技术美都是桥梁结构美的固有属性，桥梁的结构美是建筑美和技术美两者的统一体，而不是割裂开来的硬币两面。

　　当然，对于不同的桥梁，在建筑美与技术美的美学表现上会各有侧重。现代桥梁结构美的设计应结合桥梁的地理条件、建设条件和人文需求对桥梁的这两种美学风格进行合理规划。一般对于特大桥而言，桥梁结构的技术美占主导地位；而对特大桥以外的桥梁，由于其结构技术的自由度较大，建筑美可以有丰富的表达，因此建筑美往往成为美学表现的主体。对于古典的桥梁同样如此，比如赵州桥结构技术美的表现相对建筑美更加突出，而侗族的风雨桥建筑美的表现意味更加浓重。

　　作为城市中最重要的公共建筑形式之一，桥梁结构具有非常强的表现力，利用结构本身来表达桥梁建筑的精神内涵是桥梁设计师重要的手段之一。景观桥梁建筑美和技术美也需要通过桥梁的结构表达加以呈现。结构表现需要力学逻辑的理性和艺术素养的感性之间的融合与平衡。结构表现的理性是结构表现艺术的核心，结构与生俱来的内在理性，让结构在尺度、比例和空间关系上合乎逻辑，形成理性美。结构表现的感性则体现在具有突出视觉表现形式的艺术感染力上。因此，景观桥设计需要设计师在工程学和建筑艺术学两方面都具有较高的修养。

景观桥梁的结构表现设计一般应考虑结构的形态、结构空间组织、结构的统一与协调、结构的光影等方面的设计内容。在结构形态造型设计方面应重点考虑结构的体量、高度、尺度、细节等关键设计因素以及结构形态在多视角条件下的视觉美感表现。结构空间组织要重点考虑行人舒适度、方位的诱导性和透视感等。结构的统一与协调设计则要考虑结构的局部与整体的形式组合以及建筑风格、建筑色彩、建筑材质等的秩序感、协调感和统一感。结构的光影设计则是研究日光投影与夜景亮化状况下，桥梁整体结构和局部细节的视觉美感表现。

东南大学景观桥梁创作设计团队在多年来的景观桥设计实践中，结合项目的地理区位、地域风貌、自然环境特点等，归纳了一些有益的设计路线。例如在桥梁造型意象设计上通过写照文化基因、提炼科技元素、彰显生态共融等方法提炼桥梁造型的基本线条轮廓，同时结合统一与变化、协调与对比、节奏与韵律、对称与均衡、体量与尺度、虚实与层次等形式美学组合法则对基本线条轮廓进行再优化、整合。另外也可以从提供乐活、舒适、共享的设计功能出发，结合地形、城市空间设计等控制因素对结构的平面布局形式和空间组织形式进行找型。

赵州桥

风雨桥

总之,结构表现之美是景观桥梁最本质美的展现,它是景观桥梁结构、功能和审美的融合,也是我们打造"美丽桥梁"的关键一招。

桥上空间的组织与整合

1.2 结构表现理念设计实践

案例 1-1：广东深圳前海合作区梦海前湾河桥

项目负责 丁建明 李丰群
方案主创 MARC MIMRAM

建设单位 深圳前海开发投资控股有限公司
设计单位 东南大学建筑设计研究院有限公司
合作单位 MARC MIMRAM INGENIERIE S.A.
施工单位 中国铁建股份有限公司&中铁十六局集团有限公司联合体

主要设计人员

曹菲 丁如珍 柳成荫 李升玉 陈娟婷 RAZVAN IONICA
郑肇鑫 王雁楠 季杰 王冲 曹明 刘洋 李敏
唐佳 杨倩 林峰 于智光 张荣禛 陈小兵 高学伸
摄影 郑肇鑫 李雨舟 等

跨越的风景

景观桥梁"四维"创新理念与实践

项目概况

梦海前湾河桥位于深圳前海梦海大道与前湾河水廊道的交叉节点，上跨前湾河，是连接深圳前海深港合作区和宝安中心区的重要通道，也是前海新建桥梁中独具特色的一座景观桥。前湾水廊道规划定位为自然水廊道，以前海湾茂盛的植被与湿地景观为基础，打造休闲、生态、多彩的城市公共空间。水廊道在建设中充分运用石阶海岸、海景平台、棕榈树林等景观元素，营造迷人的亚热带海湾风情。

桥梁采用单跨简支拱梁组合体系钢桥，一跨跨越前湾河水廊道。桥梁计算跨径155.5 m，桥梁总宽46.5 m。桥梁总体结构层次丰富、变化多样，重构了城市天际轮廓，建筑风格大气而独特。

本项目荣获2021年江苏省勘察设计行业BIM应用大赛二等奖。

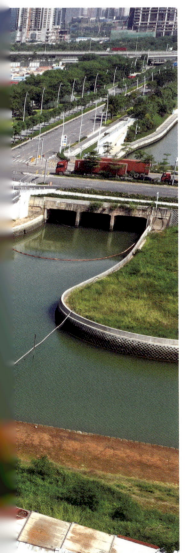

设计构思

桥梁方案设计主题由马克提出,其设计理念为"护佑之翼"。方案通过别具一格的结构布局和杆件组合打造以功能多元、造型优雅为特色的城市桥梁建筑,创造连续、开放、宜人的多层次城市交通空间,体现城市"生态、智慧、宜居"的新发展理念。

桥梁在这里并不仅仅是交通的连接体简单地跨越水系,而是把桥梁的建设看作一个难得的机会:为欣赏周边环境建设一个观景平台——既是服务于水系的桥梁,也是融于自然美景的构筑物,同时还是与妆点河道两岸的绿化空间连接的媒介。在功能上使桥梁成为行人交通、休闲、亲水的灵活转换节点,造型上具有优雅的现代时尚感,让城市桥梁建筑更具亲和力与包容性。

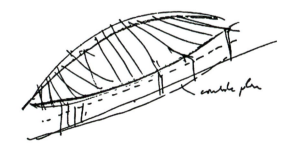

设计表现

桥梁在形态表现上强调结构的节奏与动感,注重结构在空间多视角下的多元展示。结构造型的中间部位是主拱梁,其与两侧刚架共同受力。主拱梁与刚架间的横向连杆沿纵向进行韵律的起伏变化,连杆向两侧伸展形成曲面双翼,轻盈而灵动。拱梁与连杆共同分隔、界定出桥上结构透空空间。该空间随着结构杆件组合的变化而变化,营造出独特、多变的视觉景观。在桥梁整体结构布置和空间布局上,注重慢行系统与机动车系统的分隔设计。在桥梁的两侧布置非机动车道和人行道,其与机动车之间以纵向的钢梁明确地分隔出两个开敞空间。慢行系统上方设置流线型的遮庇顶棚,使人行通道成为舒适的廊道、包容的场所以及适于休闲和交流的观景平台。周到的快、慢分离设计给行人以安全感,让行人能从容地欣赏桥外的风景。

　　桥梁两片大的翼翅伸展开直至桥梁两侧形成动态有序、起伏变化的曲面，使结构更加轻盈、富有动感效果。

　　结构体系呈多元化设计：桥面由中央的拱梁及连接的若干拉索形成悬挂体系，同时在桥侧处设置了支撑钢架并以横向连杆与主拱联结，使结构在水面上保持了视线的通透性和景观的完整性。

　　"护佑之翼"方案完全基于桥位场地条件进行设计，桥梁以鲜明、时尚的结构形象表现凸显了前海绿化空间和水廊道的城市景观特质，有效提升城市居民的生活品质，打造出富有前海独特风格的艺术作品。

　　桥梁采用 BIM 设计，使桥梁的整个建造过程更加可控、高效。

案例 1-2：广东深圳大沙河桥

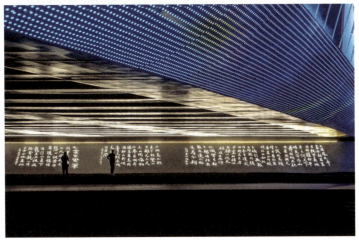
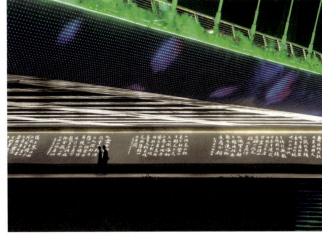

项目负责　兰　峰

方案主创　曹　菲　濮岳川

建设单位　深圳市南山区建筑工务局
设计单位　东南大学建筑设计研究院有限公司
合作单位　深圳市综合交通设计研究院有限公司
施工单位　深圳市广源达建筑工程有限公司

主要设计人员

李秉南　谢勇利　范嘉华　郑肇鑫　陈娟婷　于智光　余祥亮
赵蓉龙　黄　飞

摄　影　李升玉 等

跨越的风景
景观桥梁「四维」创新理念与实践

项目概况

大沙河是流经深圳市区最重要的都会型河川和重要的生态廊道。项目桥梁位于西丽中心区及桃园片区，跨越大沙河，连接西丽南支路和龙珠一路，紧邻大沙河文体中心。桥梁的建设进一步完善了城市交通系统，沟通水岸活动空间，提升周边土地价值。

桥梁采用单跨 75 m 钢箱拱组合结构，桥梁与河道斜交 25°，桥梁总宽 35.1 m。

设计构思

项目周边为大沙河"庆典之河"段，要求通过艺术、科技与景观的结合营造滨河城市人文活动的空间。桥位东侧规划建设的大沙河文体中心是区域内标志性建筑，文体中心建筑风格现代时尚，采用流线型设计。桥梁的设计风格应与文体中心相协调。同时，大沙河两岸建设有滨河公园和绿地，桥周边会吸引大量人流，因此桥梁在功能上也要考虑满足行人观景、休憩的需求。

桥梁方案设计主题为沙河涟漪。方案采用了"风动河面起涟漪"的动感意象，总体设计风格保持了与周边建筑风格上的一致，展现城市环境的自然与活力。

大沙河桥白昼及夜景效果图

设计表现

桥梁结构采用一跨跨越河道，拱肋向两侧略倾斜，拱高约 15 m，拱肋采用六边形变截面，造型优美，拱脚与地形自然衔接形成涟漪状，并与上下桥头踏步结合形成整体。

结构表现的设计理念是充分挖掘自然界美的元素，以涟漪的优美线条为意象，用雕塑化的结构处理手法，将桥梁结构与场地地形以及环境特色形成完美的融合。

通过夜景亮化设计，桥上拱肋、桥下梁底与桥台融合拓展成完整有机的景观界面，通过亮化创意形成诗与星空交织的时尚文化艺术展示空间。设计最大限度的拉近了桥与人的距离，可以让人与桥自由地进行沟通和体验。

案例 1-3：青海西宁滨河西路桥

项目负责 曹菲 李甲丁
方案主创 曹菲
建设单位 西宁湟水投资管理有限公司
设计单位 东南大学建筑设计研究院有限公司
施工单位 中海外交通建设有限公司
设计顾问 丁建明

主要设计人员
李升玉 李秉南 李甲丁 景国庆 陈素华
张海平 于智光 兰峰 陈帅 王雨
付杰 唐莹

项目概况

项目工程位于西宁市城北区北川河河谷地带，是西宁市北川河综合治理工程的一部分。北川河是西宁母亲河——湟水的一级支流。滨河西路桥是北川河湿地公园区内重要的景观建筑，对提升湿地公园区环境景观品质，促进城市早日形成"山、水、城"相融合的城市格局具有重要意义。

桥梁采用两跨空间钢拱桥，分别斜跨北川河内河和外河，跨径布置为（95+110）m，全长246 m，桥面总宽21 m（含吊杆区），按整幅桥设计。

本项目荣获2021年江苏省勘察设计行业BIM应用大赛一等奖。

设计构思

桥梁设计采用"群山、飞鸟"为意象，以雄伟壮丽的昆仑山脉为背景，通过鲜活的造型之美，营造具有活力、时尚、大气文化气息的结构形态。方案高低起伏、跃跃欲飞的艺术动感造型，彰显出西宁大气、活泼的城市气质。

中墩拱脚处形成下沉式阶梯状观景平台，巧妙、体贴，让游人与水面更加靠近，缩短了人与自然的距离。方案集桥趣、山趣、水趣、人趣为一体，给游人带来丰富而又奇妙的感官体验。

设计表现

桥梁连续跨越内外河道，采用两跨下沉式拱桥结构。为适应路线平弯和河道斜交的要求，采用左右不对称的两道连续的山形曲线勾勒出整体的桥梁结构形态和轮廓造型，并在横向和纵向上将拱肋做了分形艺术处理，一方面构建了丰富的桥面观景和休憩空间，另一方面也增强了结构构件的表现力和识别度，体现了结构表现与空间功能营造的完美结合。

钢箱拱肋为空间拱肋，两跨拱肋相交形成Y型整体节点，造型简练、流畅，拱型曲线典雅、优美。拱肋总体布置高低起伏，富有动感；充满张力的结构线条，给人一种昂扬向上的心理感受。结构上拱梁分离，受力合理。桥上的空间组织别具特色，结合桥梁的平面线形，随着视点空间位置的变化，桥梁呈现不同的景观，缔造出"步移景异"的观景效果。

利用拱脚作为平台，借用箱梁下沉，形成了阶梯式观景空间。行人在桥侧穿行，更贴近河面；外露的拱脚平台，便于行人眺望河景。多样化的设计，巧妙的空间组织利用，丰富了行人的观景体验和观景层次，也充分体现结构创新、共享的设计原则。

第一章
四维理念之结构表现

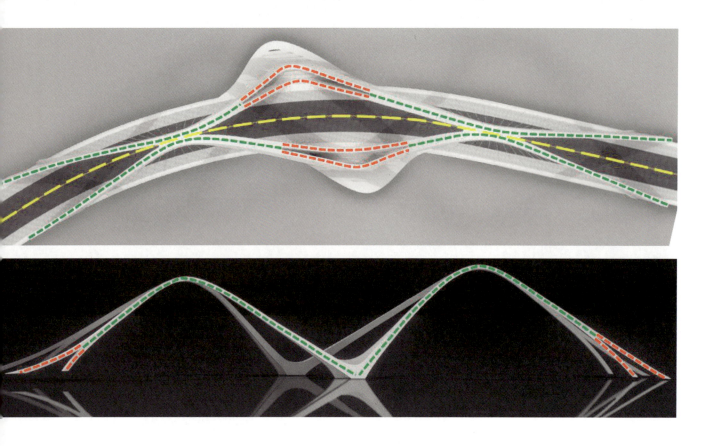

拱肋线形采用自然流畅的波浪曲线，具有时尚、飘逸的设计感。在夜景灯光的投射下，桥梁呈现出独特的韵律与脉动，流畅、动感的结构形态更能激发行人的观景情趣体验，形成人与景的情感共鸣。

通过建立精确的参数化BIM模型解决桥梁构件在形状描述、空间定位、碰撞等方面遇到的问题，综合结构功能要求以及三维空间上的美观要求，获取桥梁结构表现的最优方案。

案例 1-4：山东威海石家河公园大桥

		主要设计人员				
项目负责 丁建明　李升玉		丁如珍	宫本辉	陈素华	王　冲	高道文　童金虎
方案主创 曹　菲　景国庆		李　浩	刘志杭	濮岳川	郑肇鑫	于智光　张荣禛
建设单位 威海东部滨海新城建设指挥部办公室		季　杰	王雁楠	张海平	马滩溪	朱启顺　俞章宽
设计单位 东南大学建筑设计研究院有限公司		**摄　影**	李升玉	濮岳川	张德鹏　等	
合作单位 威海公路设计院						
施工单位 中建路桥集团有限公司						

项目概况

石家河公园大桥西起海悦路,东至石家大道,桥梁穿越石家河公园,全长921 m。其中,跨越石家河的主桥段长约200 m,穿越黑松林段长约600 m。石家河公园大桥作为松涧路上穿越石家河公园的景观桥,既要满足道路通行和泄洪要求,与石家河公园规划协调一致,还要保证石家河公园景观和生态的连续性。

设计构思

本桥梁方案设计构思从仿生学角度出发,设计灵感源于展翼翱翔的海鸟形象,同时结合桥梁结构的受力特征,构造富有海洋特色的水上桥梁建筑。

桥梁作为石家河河道上的重要景观节点,方案构思时重点关注桥梁与石家河两岸公园空间的关系,以丰富的结构空间组织形式体现桥梁与城市人文的协调。

方案强调结构形态的创新性,让结构表现更具文化张力和视觉冲击力,使桥梁成为与区域城市景观主题相契合的标志性景观建筑,打造威海东部滨海新城的城市新地标。

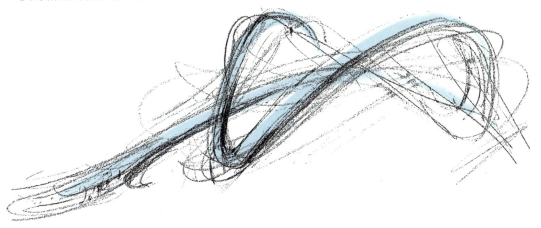

设计表现

主桥为拱梁组合体系,跨径布置为(35+100+35)m,主梁为预应力混凝土结构,主桥两侧设上、下桥梯道。主拱肋采用三条矢跨比不同的拱肋曲线,形成高低变化的拱圈形态,加上富有韵律变化的横向连杆,产生结构表现和景观意象的重合。

桥梁向两侧外倾的拱肋,犹如海鸟乘风翱翔的双翼。桥梁拱肋造型简练、流畅,拱型曲线典雅、秀丽,富于海洋文化的浪漫气息。富有动感,充满张力的结构线条,给人一种昂扬向上的心理感受。

拱肋由三个拱片组成,中间拱片与两侧边拱片形成交错变化的独特形态。拱片间通过横向连杆联系成整体,连杆随着拱肋的位置变化而转动形成富有韵律感的运动序列,犹如飞鸟展翅翱翔。

　　桥梁空间与周边林地自然空间界面的合理衔接，既保留了场地环境的自然要素，又加强了桥梁空间与自然空间的结合、渗透，同时满足游人穿林走河的游览需求，构筑开放、宜人的自然地理环境景观。

　　在空间形态的组织上注重研究行人多角度观景感受。在桥梁结构总体布置和空间分隔上，考虑到石家河两岸未来的景观开发和滨河公园的发展规划，桥梁设计重点考虑了人行上下桥坡道的设置，并将坡道造型和桥梁整体造型设计相融合，采用风格相同、逻辑一致、空间相连的设计理念和构型手法，将桥面观景空间、上下沟通和结构表现统一成一个有机整体。

　　人行道的斜吊杆分割了行人向上的视觉空间，丰富了桥上观景层次，也使桥梁造型更富于变化和韵味。

丰富多彩的桥梁夜景设计，使桥梁的线条与节奏更加突出，营造美轮美奂的建筑美景（上图为现场实景效果）。

桥梁的实际成桥效果完美实现、还原了方案最初的设计构想。

方案效果图

成桥实景图

夜景效果的还原度比较（右图为现场实景）。

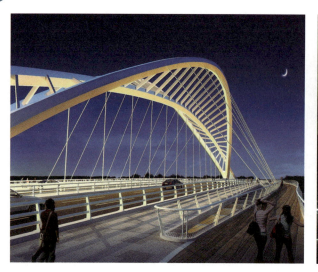

设计非常重视桥梁在四季时序变迁下的结构景观表现，下图为桥梁的雪景效果图。

案例 1-5：南京浦口青奥公园桥

项目负责　韩冬青　曹　菲
方案主创　曹　菲　高　崧

建设单位　南京城建项目建设管理有限公司
设计单位　东南大学建筑设计研究院有限公司
施工单位　南京建工集团有限公司

主要设计人员
李升玉　陈娟婷　季　杰　何初生　景国庆
摄　影　李雨舟　等

跨越的风景

景观桥梁「四维」创新理念与实践

项目概况

2014年7月，第二届夏季青年奥林匹克运动会（Youth Olympic Games，YOG）在南京举行，2012年南京市政府开工建设浦口青奥体育公园，桥梁位于其中最重要的两个场馆建筑综合馆"长江之舟"和体育馆"长江之鸥"之间的城南河上，是两座两场馆之间的主要连接通道。

桥梁位于一段变宽的S形曲线上，桥梁与河道斜交20°左右，宽度在14.4~20.5 m之间变化，是连接两个地块和建筑的重要纽带，同时也是场地内的重要公共建筑，项目的建成对城南河以及青奥公园的景观和环境均具有重要的意义。

　　桥梁跨径布置（30+90+30）m，桥梁项目于2012年底动工，2013年8月建成通车。

　　本项目荣获2017年全国优秀工程勘察设计行业奖三等奖、教育部2017年度优秀工程勘察设计一等奖、中国公路学会2019世界人行桥奖金奖。

设计构思

桥梁的设计初衷是打造在青奥公园城南河风光带上的重要景观节点，为行人观赏沿河城市、自然风光提供一个舒适、惬意的公共空间场所。桥梁在外部形态上必须新颖、独特，具有原创性和唯一性，能打造成为区域内极具景观标识的建筑。桥梁的设计主题应切合青奥会的运动主题，须彰显青奥会"年轻、活力"的文化特色。

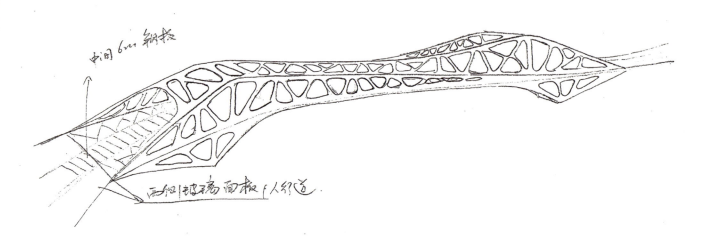

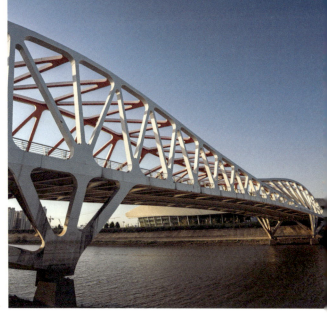

设计表现

桥梁方案采用三跨连续空间钢桁架结构,构思来源于综合馆"长江之舟"的航船造型,与船的整体形象一致,用起伏的桁架和曲线体现波浪的动感,与主体建筑相得益彰,寓意江舟乘风破浪,驶向未来。方案借助结构自身来表达建筑的精神内涵,通过对结构尺度、比例和空间关系上的合理布局,让结构的理性美与艺术美自然融合,从而使结构产生持久的生命力。

设计结合桥梁的功能、形态和结构要求，创造性地采用空间扭转钢桁架结构，取得了结构功能和艺术表现之间的最佳平衡。螺旋结构的设计灵感来源于DNA螺旋线，桥梁S形曲线形态也与螺旋线具有相似性。方案的空间曲线设计使结构的立面和平面相呼应、衔接，将原本单调的桁架梁变成富有动感的结构艺术品。

　　结构杆件的变化和尺寸符合结构受力的需要，每个杆件都有其必要的力学作用，且无多余的装饰构件，造型形式与结构功能实现完美的融合。桥梁螺旋式的钢桁架结构形式营造出充满活力和独特韵味的景观，体现了文化、生态与结构在桥梁方案上的统一。

案例 1-6：云南玉溪大河站前路桥

项目负责　曹　菲
方案主创　濮岳川

建设单位　玉溪东冶海绵城市建设有限公司
设计单位　东南大学建筑设计研究院有限公司

主要设计人员

高道文　费　梁　李丰群　戴世宏　周　均　李瑞琪　姜严旭
何　苗　李雨舟　刘　京　于　鹏　闫迎州　李　翔

项目概况

玉溪山川秀美,区域自然资源优越,城市以生态优先为重要发展方针。作为玉溪人民的母亲河,玉溪大河哺育了玉溪人民,同时也为中心城区生态城市建设奠定了坚实的自然基底。

玉溪大河站前路桥临近玉溪市市民活动广场,处于玉溪大河景观带的重要节点上,具备优越的地理景观条件,桥梁应建成为区域重要的建筑景观。

设计构思

设计充分利用桥梁在玉溪市城区中优势的地理区位，为城市发展提供便利，同时通过对玉溪地方文化的发掘与发扬，营造城市宜居人文环境，打造集"休闲功能、交通功能、文化功能、景观功能"为一体的多功能城市家具。

作为玉溪大河上重要的景观节点，站前路桥桥型方案统筹场地资源，彰显玉溪特色，树立城市名片；将桥梁融入湿地环境，营造共享空间，打造景观亮点；同时要注重写意人文要素，建设城市文化新地标。

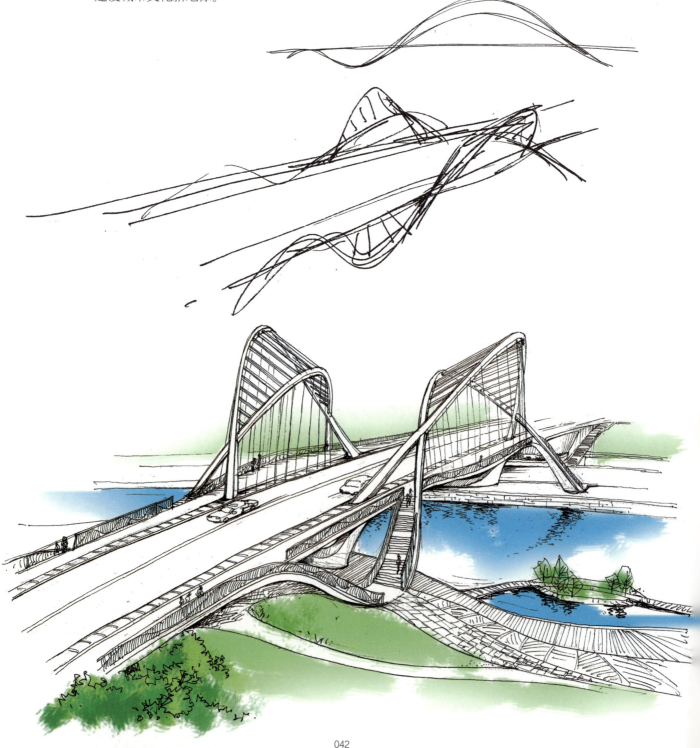

设计表现

玉溪水色秀丽,波光迷人,抚仙、星云、杞麓三湖和阳宗海连片成群,仿佛云贵高原上一串晶莹璀璨的明珠,放射出异彩霞光,因此玉溪又被称为"高原水乡"。桥梁结构以"翩翩白鹭"为意象主题是对玉溪水乡文化最好的表现。

"振鹭于飞,于彼西雍"。桥梁在造型设计上采用生态描摹设计法,从白鹭流线屈曲的优美体态,抽象出桥梁的轮廓线条。桥梁总体造型犹如一对交首相依的白鹭,使人从中领略到"关关雎鸠,在河之洲"的古雅与浪漫,筑造富有现代韵味和古典情怀的诗意水上建筑。

跨越 的风景

景观桥梁"四维"创新理念与实践

　　桥梁的造型灵动多变，充满活力与韵律感。流畅、起伏的拱肋曲线如立于水面的白鹭，展翅欲飞，塑造出飘逸、温情的文化意象，营造玉溪大河迷人的水光风情。

　　巧妙的拱肋空间布局，将人行步道与绿地、驳岸无痕衔接，既满足了行人在桥下、桥上、江边多层次的观景需求，又丰富了桥梁的建筑景观层次，让桥梁与湿地环境完美融合。

夜景灯光的渲染,使桥梁翩翩欲飞的动感之态更加凸显。

案例 1-7：江苏江阴滨江路跨黄山路桥

项目负责	丁建明　李秉南	
方案主创	丁建明　曹　菲　景国庆	

主要设计人员

何初生　陈建军　李甲丁　于智光　王雁楠　费　梁　张欣欣
张荣禛　郑肇鑫　杨建超　范婧婧　袁晓燕　陈　尧　戴世宏
曹睿明　王　坤　周正伟　马晓明　吴　烜　李立夫

建设单位　江苏省江阴市交通运输局
设计单位　东南大学建筑设计研究院有限公司
施工单位　中铁四局集团有限公司

项目概况

滨江路是江阴城区北部沿江最重要的东西交通走廊，道路的快速化将加快江阴早日形成内外通达、集约高效、客货分离的城市快速路体系，构建"内畅、外联、立体、快捷"的现代化交通体系。

滨江路快速化工程黄山路节点现状为环形交叉，是滨江路与京沪高速江阴北互通的交通转换节点。由于地处江阴北门户，同时又位于江阴城市客厅区，跨黄山路桥梁景观展示度要求高。

跨黄山路景观桥梁采用独塔双索面钢斜拉桥方案，跨径布置为（30 + 100 + 88 + 30）m，总长248 m，斜拉索采用马鞍形双索面。主梁结构为等高度连续钢箱梁，下部桥墩采用花瓶式桥墩。

设计构思

桥位周边有体育馆、湿地公园等城市运动休闲设施，根据桥梁所处的城市环境特点，桥梁方案造型宜简洁、现代，富于韵律与动感，展现结构的时尚美与科技美，其造型特质应与周边环境相协调、切合。

桥梁方案以"火炬"为意象进行结构造型设计，象征江阴城市实现突破式发展的光辉前景。方案将结构造型与城市精神文脉相结合，凸显以创新和奋斗为主旋律的城市发展主题，体现城市发展的"智慧、生态、时尚"和"科技"特色。

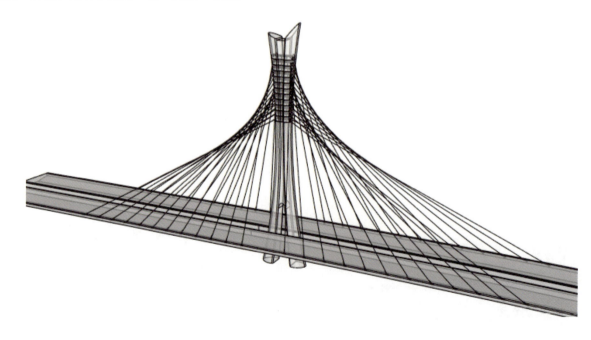

设计表现

桥塔是斜拉桥最具表现力和象征意义的结构构件，也是桥梁景观最重要景观元素之一。塔身上部采用两条向上伸展的挺拔线条，象征城市的发展和繁荣；塔尖扩大如火炬，寓意光辉的未来。塔身腰部自然收拢，充满艺术雕塑美感。塔身向下张开如"人"字型，稳固地屹立在城市的天宇之下。

塔体轮廓线条简洁、流畅，面与面的切角圆润柔和，塔体中间雕刻渐变的凹槽，使桥塔形成线条与光影明暗的凸隐，让造型显得更加饱满而有魅力。桥梁采用优美多变的马鞍形双索面，充满张力和动感，辅以轻快的钢结构主梁，使桥梁的"跨越"感更加突出。

整个桥梁造型如火炬绽放华彩，又如湿地飞鸟展翅飞翔，不同的解读带来不同的体验，多元的意象让结构更加具有表现力，充分彰显桥位区活力和现代的城市空间气氛。

案例 1-8：江苏扬州观潮路跨运河桥

项目负责 兰 峰
方案主创 曹 菲

建设单位 江苏省扬州市市政建设处
设计单位 东南大学建筑设计研究院有限公司
施工单位 江苏华泰路桥建设集团有限公司

主要设计人员
李升玉 曹 明 费 梁 丁如珍 李 敏 邹爱琴
刘 洋 唐 佳 付 杰 高学伸 郭添悦
摄 影 李雨舟 等

项目概况

观潮路跨古运河桥坐落于扬州市东北部，项目连接曲江片区和城北片区，位于江都北路和运河北路两通道之间。项目的建成，完善了城市路网结构，改善区域内南北交通的出行状况，加强城北片区与主城的联系，对区域内地块开发、改善城市环境、提高居民生活水平有积极作用。

桥梁采用上承式预应力混凝土梁拱组合体系，总长 144 m，总宽 30 m，跨径布置为（38 + 68 + 38）m。

设计构思

古运河是扬州的宝贵财富、世界文化遗产，如何保护、开发、利用好运河资源是本项目设计考虑的重点。方案构思需考虑在保持古运河及扬州城整体风貌协调的前提下，同时展现时代特征，使现代文明和古代文化交相辉映。

方案在设计理念上以扬州古运河文化、月文化、桥文化为切入点，打造"桥""水""月"的文化默契，塑造具有扬州文化特色的艺术美境。方案重点关注桥梁与古运河两岸城市空间的关系，为居民和游人营造舒适便捷的公共景观空间。

本项目荣获 2020 年省城乡建设系统优秀勘察设计三等奖、2020 年江苏省优秀工程设计三等奖、2020 年南京市勘察设计行业协会二等奖。

设计表现

桥梁在表现手法上采用了混凝土雕塑的结构表现艺术手法。经过雕塑化和艺术化的细节处理使常见的预应力混凝土拱梁组合结构具有了鲜明的时代特征和艺术美感，同时风格能够与古运河的古朴细腻相协调。方案上部采用混凝土箱梁结构，下部拱圈与上部梁体外缘采用优美的斜切面处理，并通过圆滑的空间曲面过渡，造型简洁美观，雕塑感强。上承式梁拱组合体系在主墩拱圈与上部主梁间形成空腹区域，便于河岸两侧行人沿步道穿过，体现人本理念。桥台处设上、下桥人行梯道，梯道连通桥上空间与河岸慢行空间，形成立体、互通的古运河慢行休闲走廊。

　　弯月似的拱桥将河岸、绿地、道路连接为一体,构成桥梁的基本轮廓。扬州对于拱桥具有一种亘古的情结。桥梁方案选择一跨过河的上承式梁拱组合体系桥,将桥梁结构形式与城市人文充分融合,既体现了对扬州古代拱桥文化的继承,又体现了拱桥这种桥型在新时代背景下的发展,展现扬州在深厚文化积淀基础上所焕发的生机与活力。

在夜景灯光的照耀下,桥梁的造型、线条在城市环境中显得更加具有艺术美感。

案例 1-9：江苏常州星港路跨京杭大运河桥

项目负责 童金虎
方案主创 丁建明

建设单位 江苏省常州市市政工程管理中心
设计单位 东南大学建筑设计研究院有限公司
施工单位 常州市市政建设工程有限公司

主要设计人员

丁如珍　王　冲　秦向杰　杨　倩　葛艳丽　袁晓燕
王新辉　黄　亮　陈素华　陈小兵　徐俊军　马滩溪

摄　影 陈　帅 等

跨越的风景

景观桥梁『四维』创新理念与实践

项目概况

常州市星港大道位于城市西片区，是连接钟楼区和新北区的重要通道。项目桥梁位于常州市星港大道上，跨越新运河。桥梁全长466 m，主桥采用三跨梁拱组合结构，跨度布置为（50＋120＋50）m，采用整幅断面，主桥宽度为40.3～47 m。

本项目入选2021年江苏省住建厅投资工程集中建设优秀案例。

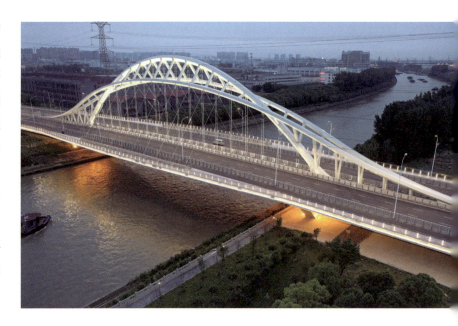

设计构思

常州自古以来就被称为龙城,方案需要结合常州城市的龙城文化以及"龙型经济"的发展构想,打造古今交融、体现常州"龙城精神"特色城市文化气质的景观桥梁。桥梁的结构形态表现则以"龙"的形象为生发进行创意与布局策划。

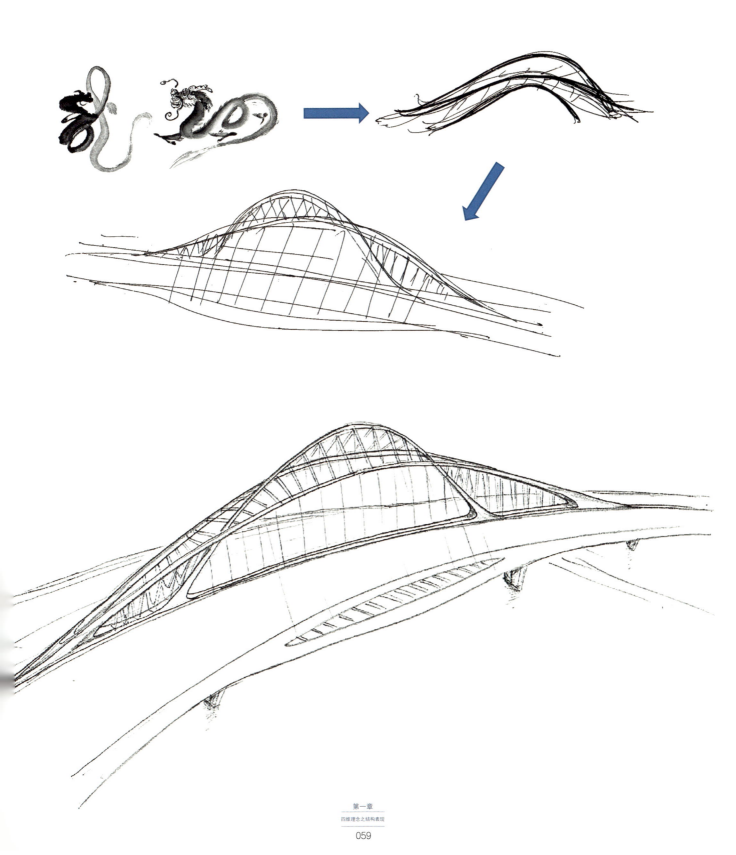

设计表现

本方案设计主题为"龙城精神",设计表现上也要与常州的"龙"文化相契合。方案的上、下部结构造型皆从龙的形态中演变而来。拱肋整体形态如一条巨龙刚健有力的背脊,两侧倾斜拱肋与中间主拱肋的横向联杆即为龙骨。错落有致、节奏明快的联杆阵列,仿佛巨龙腾跃而起。下部桥墩采用 W 造型,形若飞龙腾云驾雾。

桥梁方案以结构造型形态抽象表达城市"龙文化"意象，让常州的"龙城"文化标签更加熠熠生辉。方案在造型和细节设计上追求精益求精，取得了建筑景观与结构受力的完美平衡。

桥梁的形态与所毗邻的星港路人行桥既有联系又有区别,方案突出了桥梁作为主体景观的地位,同时又成功实现了两桥之间的协调与平衡。

案例 1-10：高架桥梁工程景观设计

方案主创 丁建明 曹 菲
设计单位 东南大学建筑设计研究院有限公司

摄　　影 朱志明 陈 帅 李雨舟 等

昆山中环高新区互通高架桥

项目概况

随着城市的发展以及市民对生活质量的要求日益提高，代表城市形象的高架桥景观已成桥梁建设中备受关注的焦点之一。同时，由于城市的范围不断扩大，原来郊区的公路也逐渐被纳入市区范围，相应道路上的高架桥也由公路桥梁转变为城市桥梁，这些桥梁也亟需景观改造以满足城市发展的需要。根据"前瞻性、高质量、与时俱进"设计思想的要求，无论是在公路工程还是在市政工程中，高架桥梁工程的景观品质都应得到充分的重视。在高架桥景观打造上，设计团队相应社会需求，重视工程总结，敢于进行创新，经过多年实践，积累了丰富的设计经验。

高架桥梁规模大、体量大，桥梁的结构选型直接影响工程造价和环境景观。设计时需要充分总结国内外高架桥的设计经验和教训，注重系统研究和调查论证。高架桥的箱梁、桥墩、护栏、泄水管、隔音屏、交通标志等功能与形式的设计应结合项目所处路段特点、施工条件、环保和景观要求等建设条件进行针对性分析，做到功能合理、形式美观，取得工程与环境的和谐。

设计构思

高架桥设计理念是以"适用、美观"为导向，打造"简洁、时尚、通透、协调"为造型特征的桥梁景观。

"简洁"理念是采用轻巧的设计造型以减少长连续高架桥梁对环境空间造成的压抑感，利于桥梁形成连续、流畅、美观的视觉观感。

"时尚"理念是借助桥梁现代、流畅的结构造型及柔和、圆润的结构线条，来舒缓现代快节奏生带来的精神压力感。

"通透"理念是通过合理的墩跨布置及造型设计，尽量减少桥梁对人视线的阻碍，降低视觉压抑，构筑舒适、宜人的城市空间。

"协调"理念是打造高架桥景观上、下部结构统一、和谐的整体景观。同时，还要实现高架桥梁与周边环境景观呼应与协调。

城市高架桥景观效果图

设计表现

为兼顾经济与美观平衡，高架桥桥梁跨径宜控制在 30 m 左右，桥下净高控制在桥宽的 1/3 左右。断面形式是决定高架桥景观品质的另一重要因素。一般来说，高架桥上部梁体断面采用扁平流线型或碗型，其结构时尚美感更突出，但这两种断面形式的缺点是对变高梁及主线桥与匝道桥结合部的适应性较差，且施工工艺复杂、工程造价高。

综合经济、美观等诸方面因素考虑，推荐采用斜腹板箱梁加设圆倒角形式的断面方案。该断面形式综合了斜腹板箱梁与扁平流线型箱梁截面的优点，不但结构受力合理、工程造价较低，同时梁体造型柔和，既可减少桥下行人的压抑感，又容易与桥梁周边的建筑及环境和谐、相融，全线总体景观效果较好，呈现出"简洁、现代、自然"的城市环境空间特质。

昆山中环高架桥采用用斜腹板箱梁 + 圆倒角形式的断面

高架桥桥墩比主梁更靠近人的视点，桥墩的形状、高度、体量、表面处理及附属物等都是高架桥重要的景观要素。相对于上部结构，下部桥墩的外部形态可以更灵活、丰富，出彩的桥墩设计能给人留下鲜明的印象。高架桥桥墩采用柱式墩或薄壁墩方案能取得良好的通透性。

在满足结构受力的前提下，方案尽量内收墩柱以减少占地。桥墩结合桥位区环境肌理和文脉进行造型设计，使高架桥梁更加有标识性；在桥墩上雕刻几何线条，可使其外观显得轻盈、美观。

南京宏运大道高架桥及昆山中环高架桥桥墩形式

青岛蓝谷至胶东国际机场快速通道工程与青岛"海洋"文化相关的"贝壳"桥墩

在桥梁上、下部结构协调设计上，要重点关注上部断面外部轮廓曲线与下部墩柱外侧曲线衔接的流畅性，重视桥墩宽度、高度、厚度与梁体结构尺寸的尺度匹配和视觉平衡性。另外还要注重利用虚拟现实建模软件对高架桥进行视觉景观分析，让桥梁与所处桥位环境的总体景观取得在近、远景、鸟瞰、人视等多角度最佳美学效果。

湖州二环北路高架桥结构形式

昆山中环多线高架桥并立的结构形式

湖州二环北路高架大跨径桥梁结构形式

昆山中环高架大跨径桥梁结构形式

对于采用变截面连续梁的大跨径高架桥桥段，设计上需进行精心考虑和细节打磨，确保结构上下部总体协调，同时还要与周边桥段的结构形式保持一致、呼应。

桥梁的附属结构同样需要进行精细化设计，设计上可采用轻型化挡块、暗埋式泄水管、一体化或绿化护栏等措施，以增强桥梁的外部美观效果。

湖州二环北路及昆山中环高架挡块、泄水管的视觉轻量化设计

湖州二环北路高架桥护栏设计

Chapter 2

第 2 章

四维理念之建筑文化

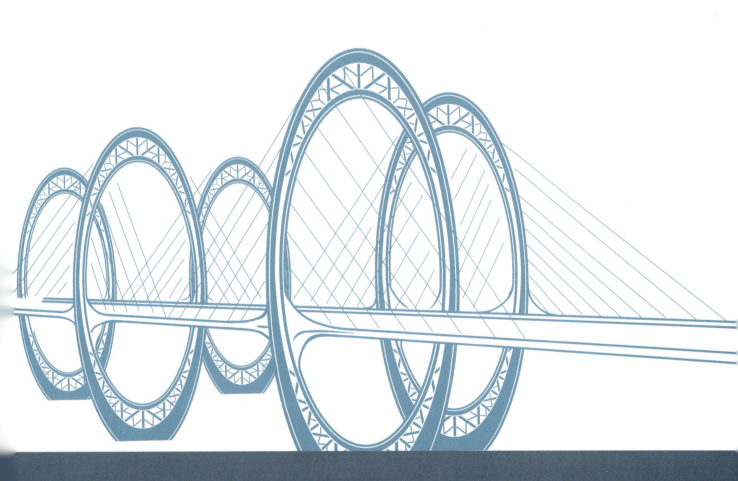

2.1 建筑文化理念概述

"文化是一个国家、一个民族的灵魂。文化自信是一个国家、一个民族发展中更基本、更深沉、更持久的力量。"中国具有 5000 余年的文明发展史,中华民族文化源远流长。在建筑领域,中国自古以来就不乏精美的代表如北京四合院、苏州园林、客家土楼、苗家吊脚楼等等。这些具有中国特色的建筑风格深受国外建筑界的推崇。在建筑文化领域,我们拥有充分的理由和十足的底气坚定自己的文化自信。

科技进步与经济发展虽然丰富了我们的物质生活,但却很难慰藉我们的心灵,而文化是最好的精神食粮,能满足我们对精神的追求。桥梁作为一种以跨越交通障碍为目的的公共构筑物,由于其体量一般比较大,在空间中存续的时间比较长,且与人的关系密切,因此逐渐演变成为承载

历史背景与文化变迁的标识物。桥梁不仅成为文化的载体，甚至变成了文化的主体，成为人们实现精神追求的印记。

随着城市建设的持续发展与更新，人们不再简单追求桥梁单一的交通功能与结构性能，桥梁在文化语境下的艺术表现也备受关注。中国是桥文化的故乡，桥梁蕴含的文化内容包罗万象，包括政治义化、宗教文化、雕刻艺术、文学作品及军事文化等等丰富的内容。

另一方面，桥梁作为文化记忆的载体，其设计思想应该更加多元和具有包容力，将当代城市、乡村中所缺失的风俗、传统和历史文化记忆融入桥梁建筑之中，让桥梁成为具有文化功能的桥梁，体现时代特色和地域文化特征。

东南大学景观桥梁创作设计团队积极响应党中央"文化强国"的战略方针，立足于桥梁工程的景观设计，遵循地域文化特征，深入研究项目所在地的自然文化、人文文化、产业文化等文化载体内涵，汲取城市文化中的代表性元素，形成融入特定文化内涵的桥梁建筑语言，以"文化创新、文脉传承"的原则进行景观桥梁建筑文化理念的创新设计，实现对桥梁建筑最确当的文化表达。

"四维理念"之建筑文化设计理念不是将文化元素进行简单的堆砌，而是通过对各类文化的深入理解，将现代元素和文化元素融合在一起，以现代的审美需求来打造富有文化韵味的建筑形式，让各类优秀文化的精神内涵在新时代焕发出新的神采。

建筑文化创新设计理念关注中华传统文化和现代文明的和谐共生，注重营造具有人文氛围的宜居空间，利用诸多文创措施和设计手段打造具有文化感染力的桥梁作品，以桥梁为平台构建丰富的文化触点，让人通过桥梁与文化形成更多的互动。设计理念赋予桥梁建筑浓郁的文化风格，塑造桥梁所属地域独特的文化个性，可以增强项目区居民的文化归属感。建筑文化设计理念聚焦文化与现代桥梁建造技术融合而形成的创新驱动力，让桥梁创造永续的社会经济价值，将桥梁建筑景观打造成为桥位环境空间中最醒目、最具影响力的文化标志，充分展示城市的"文化厚度""文化温度"和"文化品质"。

将中华城池文化融入桥梁设计之中的案例

如皋"长寿之乡"文化元素的提取、转换及结构的文化表达

如何让桥梁实现对文化的表达，如何运用建筑文化理念实现桥梁对环境和地域文脉的融入，体现其文化功能，设计者可以从以下构思路径进行思考：一是注重桥位区人文环境肌理及文脉特征的梳理，实现桥梁与文化的对话；二是强调桥梁形态与空间的组织对城市文化和人文意境的再现与表达；三是重视对场地内文化元素的符号化、抽象化，实现文化元素的提取与转换；四是利用桥梁的文化表现实现对桥位人文环境空间的更新，让桥梁与所处环境的文化氛围相融，营造桥梁与环境协调呼应的特色文化空间。

建筑文化理念构思路径

- 一　文脉梳理与对话
- 二　文化再现与表达
- 三　文化元素提取与转换
- 四　特色文化空间营造

建筑文化创新设计理念强调对传统建筑文化深厚底蕴的继承，重视其中代表性元素的提炼、运用。在建筑文化表现形态上要求更加多元，注重桥梁在整体环境文化空间中的一致性与协调性。建筑文化创新设计理念的表现手段主要体现在以下几个方面：

（1）将文化元素融入桥梁的造型设计之中，利用建筑语言弘扬积极、先进的中国文化，增强文化认同，突出文化自信，积极探索、创造与中国新时代发展理念相适应的中国新文化形式。

（2）将桥梁作为传播城市文化精神的重要单元，利用桥梁蕴含的丰富文化内涵彰显城市文化特色，突出城市个性，打破"千城一面"的同质化城市弊病，提升城市文化软实力，增强城市竞争力和影响力。

（3）借助桥梁的特色文化内涵唤起民众对城市悠久文化历史的回忆，使人与城产生"共情"与"共鸣"，打造美丽"乡愁"，激发城乡居民内心深处的家国情怀，提升群众的归属感、幸福感和获得感。

（4）桥梁布局与功能设计可采用"文化+"理念，将文化与创新、时尚、科技相结合，凸显方案"智慧、活力"特质，以AI技术、新材料、新工艺等高新技术为依托让桥梁与人形成更加多元的文创互动，创造更丰富多彩的使用体验。

我们本着"弘扬中华优秀文化"的理念，在北京、上海、广州、深圳、成都、南京等地创作了众多具有文化创新意义的工程案例。桥梁建筑以浓郁的地方文化风格塑造了桥梁所在地独特的文化个性，增强了项目区居民的文化归属感。

建筑文化创新设计理念表现手段

2.2 建筑文化理念设计实践

案例 2-1：中央党校掠雁湖桥

项目负责 丁建明	**建设单位** 中央党校	**主要设计人员**
方案主创 周 琦	**设计单位** 东南大学建筑设计研究院有限公司	曹 菲　陈娟婷　李升玉　周焕云　丁如珍　景国庆
设计顾问 黄 卫		**摄 影** 王江军　郑国和

项目概况

中央党校人行桥位于北京中央党校校园内体育馆南面的掠雁湖之上。掠雁湖是中央党校内的一座人工湖,是校园内的重要景观之一。人行桥的建成既沟通了掠雁湖两岸的人行交通,又点缀了湖面景观,也为行人驻足欣赏湖景搭建了一个绝佳平台。

方案桥型采用独塔扇形索面钢桁架斜拉桥方案,桥面水平面投影满足渐开线方程,整个曲线长为 36 m,跨度 28.8 m。

本项目荣获 2007 年南京市优秀设计二等奖。

设计构思

　　桥梁位于中央党校的核心景观区掠雁湖上，桥梁方案的创作不仅要满足行人沟通两岸的通行需要，还希望这座桥梁能够成为学生们感受生活，感受社会主义精神文明的文化符号。因此提出该人行桥必须具备独特的象征意义，将人文内涵和结构设计相结合成为方案创作的重要思想。

　　党徽是中国共产党最重要的符号之一，建筑师经反复推敲，造型形态以党徽为意象，将党徽中镰刀与锤头的形式进行抽象提取和艺术加工：挺拔的锤头则由倾斜的钢塔去表达，弯曲的镰刀由蜿蜒的钢桁架梁来体现。

　　桥梁平面造型主要由弯曲的主梁和放射状的斜拉索以及倾斜的桥塔构成。塔及主梁的变化而形成疏密有致的空间曲面造型，大大提升桥梁的景观效果。桥梁平面俯视效果如一把弯弯的镰刀，又似一只振翅欲飞的大鹏。

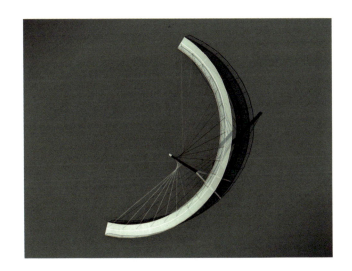

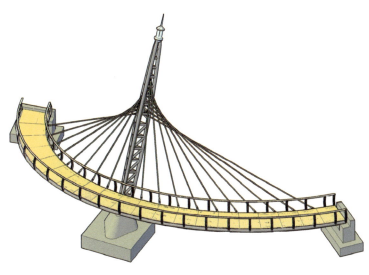

设计表现

 桥梁平面造型主要由弯曲的主梁、放射状的斜拉索以及倾斜的桥塔组成。塔、梁由斜拉索连接，通过拉索疏密有致的变化形成受力合理、张弛有度的稳定空间结构。拉索于空间交错，交织成马鞍形空间曲面。方案以党徽为意象，采用隐喻设计手法，以结构形态体现党徽的象征意义，既反映出建筑师的别出心裁，又能与党校校园的文化本原相契合。桥型设计从建筑形象的提炼到结构意义的赋予，完成了整个方案从形式到结构的演变，结构表现抽象而不具象，能给人留下了充分的想象的空间。

案例 2-2：河北崇礼太子城冬奥五环桥

项目负责 丁建明　何勇海　朱冀军　张国清

方案主创 丁建明　曹　菲

设计顾问 王建国　何镜堂

建设单位 河北省高速公路管理局
设计单位 东南大学建筑设计研究院有限公司
合作单位 河北省交通规划设计院
施工单位 中铁大桥局集团有限公司、中铁山桥集团有限公司

主要设计人员

曹　菲　李升玉　费　梁　丁如珍　陈素华　陈娟婷
于智光　张荣禛　王雁楠　张海平　周　还　季　杰
周焕云　曹睿明　徐俊军　付鹏飞　文　峰　李　旭
高道文　景国庆

跨越的风景
景观桥梁「四维」创新理念与实践

项目概况

北京延庆至张家口崇礼高速公路是2022北京冬奥会重大保障项目，"冰雪五环"桥是该项目位于崇礼出入口的地标性建筑。桥梁从一段隧道的终点开始，跨越山谷、河流和桥下道路，是进入冬奥会室外赛场所在地崇礼冬奥村的标志景观。桥梁分两幅错孔布置，左右幅桥梁主跨分别为 $(50 + 2×100 + 50)$m 和 $(60 + 120 + 60)$m。

本项目荣获2020年江苏省勘察设计行业BIM应用大赛二等奖。

设计构思

桥梁位于一道狭长的山谷之中，所在地场地地形十分复杂。桥梁与棋盘梁隧道相接，上下行道路之间的间距为 20 m，桥面与地面高差约 20 m。除了跨越通往冬奥村的下穿道路外，桥梁还需要跨越一条沿着山谷的小河。结合地形，方案选择两幅跨径布置不同的交错布置方式，恰好能完美跨越斜交的道路和蜿蜒的小河。交错布置的斜拉桥桥塔与奥运五环的布置形式相似，使得桥梁既满足了地形的需要，又巧妙呼应了奥运主题。

桥梁是进入崇礼冬奥村的入口与门户，因此在设计中引入门户概念。月洞门在中国古典建筑和园林中是一种无门禁的、用作隔断和装饰的过径门。方案将中国传统的月洞门引入桥梁造型设计，同时将冰雪纹理揉入结构细节设计，实现了中国传统文化与现代奥运文化的完美融合。

设计表现

桥梁在结构设计表现上强调建筑文化属性特征的展现。方案采用原创设计，以结构形象体现中国传统文化与现代奥运文化的融合。方案切合冬奥主题，其结构形式新颖、独特，具有高辨识度，形成场区内以冬季奥运为主题的标志性景观。同时，桥梁与周边的地形环境和自然肌理相契合，体现了"因地制宜"的设计思想。

　　方案每个桥塔由内外两道同心椭圆构成，象征同一个世界、同一个梦想的奥运精神。两道圆环之间采用雪花纹理的连杆形成整体，与冬奥会冰雪运动主题相呼应。全桥五道环形桥塔共同形成五环造型，每座桥塔之间风嘴形成纵向联系，象征世界紧密相连。

　　双层椭圆和连杆形成的桁架结构增强了桥塔的受力性能，沿塔身环状布置的空间拉索给桥塔提供了向内的约束力，减小了拱形桥塔侧向弯矩作用。桥塔结构设计兼顾了受力需要和文化创意，达到了造型和功能的协调统一。

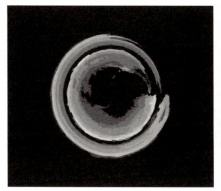
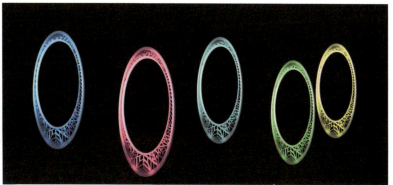

　　桥梁以月洞门作为桥塔设计意象，形如圆月的门洞将门内的小天地与门外的大世界融为一体，反映出中国文化中"天人合一"的理念。车辆穿出隧道映入眼帘的是一道道圆形的月洞，穿过这个大门，就进入了令人神往的冰雪世界。

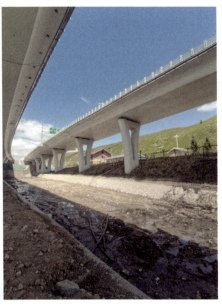

桥塔外圆采用银白色设计，内圆则参考奥运五环的五色设计，五种颜色共同组成象征奥运精神的世界大同和保护自然保护地球的设计理念。彩光亮化设计则让桥梁的色彩更富变化和动感，使奥运的精神和对冬奥会圆满举办的良好祝愿得到更好的表达。

引桥桥墩设计也采用流畅的弧线造型，形如燃烧的火炬，其建筑美学风格与同心圆主塔造型呼应、协调，体现了设计的细致与匠心。

桥梁设计考虑了行人从桥上、桥下、山顶、山底以及远景、近景等诸多角度的观景需求，同时也考虑冬季、夏季等不同季节时序下的桥梁景观展现。设计从全方位、多角度照顾到人的观景体验，充分体现了结构与文化、与环境的共融共生。

案例 2-3：广州人民桥景观提升改造

方案主创　周　宁　曹　菲

建设单位　广东市中心区交通项目管理中心
设计单位　东南大学建筑设计研究院有限公司
合作单位　广东省建筑设计研究院有限公司
施工单位　广州市第四装修有限公司
　　　　　　广州市市政工程机械施工有限公司

主要设计人员

张光磊　刁志纬　杨　倩　纪天卫
陈　伟　霍文斌　尹　华

摄　影　孙　木　邵宝华

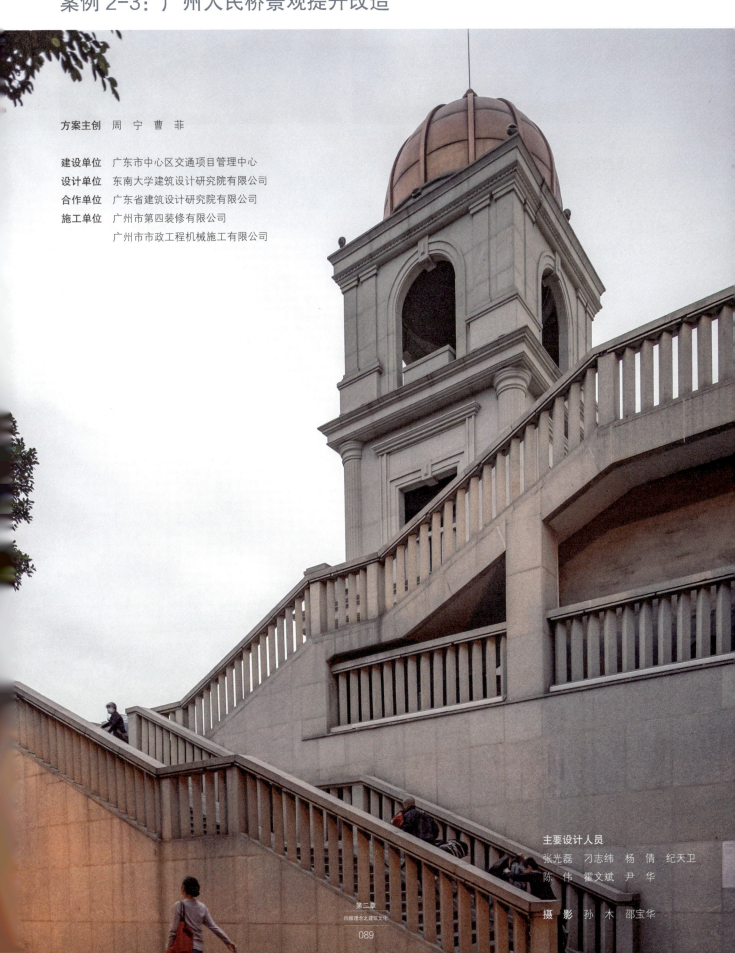

项目概况

人民桥跨越珠江两岸，连接广州荔湾区与海珠区，原桥为 3 孔预应力混凝土带挂梁的 T 型刚构桥。大桥全长 701.2 m，主桥长 182 m，宽 18 m。改造后的人民桥改善了原人民桥存在的立面形态不美观、桥面附属设施陈旧破损、桥头桥下空间混乱等景观缺憾，体现了"文化激活、生态提升，全民共享的岭南幸福家园"的珠江景观带建设愿景要求。

本项目荣获 2021 年广东省优秀工程勘察设计奖三等奖。

景观提升改造后桥梁鸟瞰实景

设计构思

方案在设计构思上以"记忆"为题眼,力求雕刻出近代广州独特的文化记忆,使桥梁结构更具传统情怀,唤醒人们对广州历史的回忆。同时,借由装饰结构的意象,通过方案怀回式的设计,让广州城市"坚韧不屈,勇于创新"的文化精神印记穿透岁月,跨越历史,照进现实,不断启迪和鼓舞着一代又一代广州人。

方案的装饰造型选用西式拱券连廊、欧式穹顶、骑楼特色装饰等近代广州独特文化元素进行景观塑造,其建筑风格与桥梁周边的建筑及历史文化遗存保持一致,突出表现广州中西合璧、西风东渐的文化特色。

设计表现

主桥与引桥分界处的桥头堡，其穹顶取自广州海关博物馆的欧式圆屋顶设计样式，与沙面街的历史建筑相呼应。景观提升设计对桥头堡的欧式穹顶样式进行了适当调整，形式采用欧式四角亭，上方设穹顶，线条棱角分明。穹顶色彩呈金色，在阳光下闪耀明亮，形成人民桥河岸上的视觉焦点。

方案结合桥头堡和滨河景观连廊位置设置上下桥人行梯道，利用连廊将滨河景观带变为双层结构，丰富了滨河景观的层次感。连廊廊道与景观平台等建筑均采用欧式风格，特征最明显的有欧式拱门、罗马柱等，其结构样式也均参照广州沙面街万国建筑群的建筑元素进行设计。

石材栏杆和景观灯等附属设施也采用相应的欧式风格。在夜景灯光的浸染下，桥梁呈现出中西交融的独特文化魅力。

案例 2-4：浙江湖州城北大桥

项目负责 陈娟婷
方案主创 曹　菲

建设单位 湖州市城市建设发展总公司
设计单位 东南大学建筑设计研究院有限公司

主要设计人员

张恒平　叶　麟　华　夏　景国庆

摄　影 李雨舟　等

跨越的风景
景观桥梁『四维』创新理念与实践

项目概况

　　湖州市城北大桥位于湖州市中心人民路，向北跨越龙溪港。由于原城北大桥老桥为上承式空腹拱桥，桥下通航净空已不能满足河道日益发展的通航需求，桥拱遭受多次船舶撞击，改建前已成为危桥。另外桥梁背靠奉胜门。奉胜门是湖州的老城门，也是湖州城市北控太湖之门户，历来为兵家必争之地，历史文化悠久。湖州市政府规划结合龙溪港滨水区的建设，挖掘湖州市历史文化，将该区域改造成城市滨水公园，城北大桥则相应改建成一座城市景观步行桥。

景观改造后桥梁鸟瞰实景

设计构思

奉胜门有"霸王破门击暴秦"的传说故事，历史的印记和动人的传说成为城市历史和文化传承的明证。项王广场的环境景观设计使这些传说和记忆不断的丰满、生长，让它们在城市永远留存。项王广场设计采用了具有湖州地方特色和审美的明清建筑风格。北大桥的建筑风格必须和广场及城楼的整体建筑风格相协调。

因为要保留老桥基础，桥梁结构宜尽量轻盈，空间宜紧凑、适度，同时桥梁设计还要注意抓住人行桥设计的特点，重视桥梁空间组织，为行人观景休憩提供驻足之地。桥梁本身的结构和造型也要变化丰富，使桥梁结构本身成为一座艺术景观，打造滨河风光带上的视觉亮点和标志。

设计表现

桥梁总体建筑布局体现了中国传统建筑空间构成"虚实相应，有无相成"的理念，通过亭台、院落、回廊等的巧妙布置造成空间若断若续、若开若合的空间层次感。梁体采用透空的桁架结构，体现了虚实结合的韵律感，与桥上传统古建形成巧妙的呼应。

桥两侧布置古风连廊，桥头到城门之间预留了足够空间，游人视线可将城楼或桥梁完全囊括。桥面中间开九个方孔，既分割了桥上空间又可以减少桥面荷载，让游人在迂回中观赏风景。桥头两侧设置过桥通道以保持亲水步道的延续，同时还设置上下踏步衔接步道。桥西侧结合桥头步道形成宽阔的行船码头，使滨水景观游览更加多元和立体。

河道船视实景效果

河岸人视实景效果

桥梁重视细节设计，不仅在桥中间设置花坛，自然形成分隔带，还对桥梁栏板和灯具进行更新。桥梁灯具结合湖州地区养蚕的农事特色而采取蚕茧造型，栏板则采用明清中式花格，使整个大桥与奉胜门及项王公园的文化休闲氛围相协调，每天都吸引不少游客在此拍照留念。

案例2-5：山西太原清徐跨汾河大桥

项目负责　丁建明　李丰群
方案主创　曹　菲　景国庆

建设单位　山西省太原市清徐县住房和城乡建设管理局
设计单位　东南大学建筑设计研究院有限公司
合作单位　鑫蓝设计集团有限公司
施工单位　山西临汾市政工程集团股份有限公司

主要设计人员

马俊华　白　颖　史苏敏　丁如珍　李甲丁　张欣欣　冯宇成
张海平　史苏敏　徐俊军　季　杰　费　梁　谢群华　黄　亮
王　坤　李　亮　陈　帅　付　杰　马滩溪　吴　进　洪　壮

项目概况

太原市清徐县文源路汾河桥工程是汾河上重要的标志性景观工程。桥梁对于连通汾河两岸实现"一城两区",创建城市水利长廊、文旅长廊、生态长廊,再现"锦绣太原城"的盛景具有重要意义。文源路与滨河西路立交采用全互通式的蝶形立交设计,形式美观,交通便捷。跨汾河主线桥三联主体结构均采用变截面预应力混凝土连续箱梁结构,主桥联主跨采用 90 m 布置。

设计构思

河道上的已建桥多为斜拉桥、系杆拱等现代桥型，尚缺少能体现汾河悠久历史文化的桥梁景观。主线跨汾河桥作为项目区最具展示度的城市景观节点，桥梁方案设计应力求在汾河上打造一座古风悠长、功能多元、蕴含清徐古韵的桥梁建筑。

清徐文化资源丰富，有独具特色的尧都文化、三国文化和砖雕文化等城市文化。桥梁设计应充分挖掘城市文化并融合"生态、文化、体验"等先进设计思想，构筑"创新引领、文化彰显、环境协调、体验多元"等多维设计理念，打造富含"创新、文化、协调、时尚、地标"等属性特征的桥梁景观。

设计表现

"泛楼船兮济汾河,横中流兮扬素波。"(汉武帝《秋风辞》),方案注重清徐历史文化与建筑设计的融合,结合三国文化与清徐民俗文化进行建筑造型选型,塑造大气、恢弘的汉唐的建筑风格,并采用汉阙、战马、斗拱等特色文化元素进行呼应。

建筑造型以尧庙为原型,在增加空间趣味的同时弱化建筑体量,突出亭与阁的主体地位。整体建筑布局由低至高,由简至繁,形成从开始到高潮的节奏铺陈。

桥头雕塑及桥上文化艺术细节展示出清徐优秀的历史文化；两道入口门楼，展现清徐彩门楼特色文化；中间连廊和阁楼为游人提供了一个休憩赏景的场所，打造有品位的文化观览空间。

桥梁通过设置三层人行系统，打造汾河上的独特桥梁景观。中层桥面满足一般通行及休闲观景需求；下层拱形坡道联系桥下滨河公园和桥面，提升游玩和观景体验；上层阁楼登高望远，独上层楼，望尽汾河美景。

案例 2-6：南京仙新路跨江大桥景观设计

项目负责 丁建明　**建设单位** 南京市公共工程建设中心
方案主创 杨倩　　**设计单位** 东南大学建筑设计研究院有限公司
设计顾问 齐康　　**合作单位** 中铁大桥勘测设计院集团有限公司、林同棪（重庆）国际工程技术有限公司
　　　　　　　　　施工单位 中交路桥建设有限公司、中铁大桥局集团有限公司

主要设计人员
曹菲　景国庆　李升玉
濮岳川　王葆茜　邹爱琴

项目概况

仙新路跨江大桥位于南京市城北地区仙新路北延段,是连接南京主城区至六合区的主要道路。桥梁处于南京长江二桥和南京长江四桥中间,三座桥梁组成跨江桥群组,未来将成为南京长江上独具标志性的风景线。

设计构思

仙新路大桥桥梁规模大,桥位环境优越,与长江二桥和长江四桥相毗邻,是跨江桥梁群组重要的组成部分。桥梁本身具备成为区域内重要标志性景观的潜力,其造型应有别于长江上已建成的其他桥梁,桥梁设计宜结合自身结构特点、南京的历史文化元素等因素打造独有的建筑景观。方案应具备"标志性、唯一性、文化性、可行性"等景观属性。

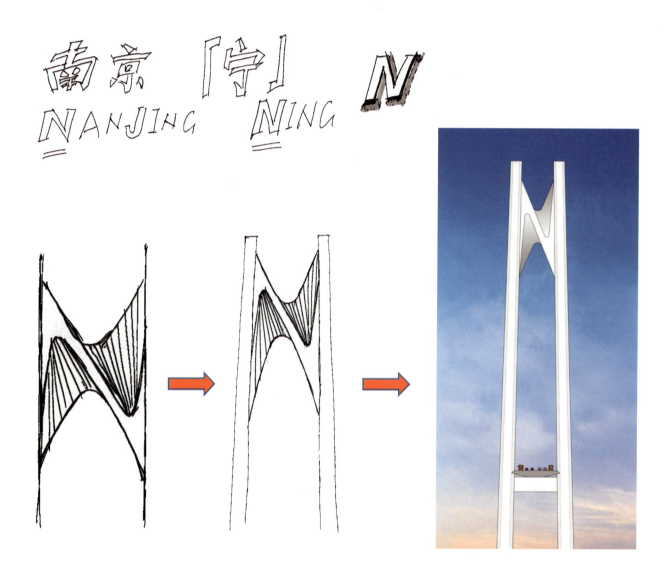

南京简称"宁","宁"的拼音首字母是"N",与英文单词"NEW"的首字母相同,所以一个"N"字既能反映南京城市名称,又能反映南京日新月异、快速发展的时代特征。

设计表现

桥塔的"N"字造型采用流线型设计,内部为交叉的连杆,用以稳定两座塔柱。桥塔正反面相同,从前后两方向看,均为字母"N"。方案强调面的组合与明暗对比,标识性突出,时尚感强,符合时代发展特征。桥塔造型与周边的二桥和四桥相比,建筑文化氛围浓厚,从而形成美观且具有高辨识度的桥梁地标。

案例 2-7：江苏张皋跨江通道桥景观设计

项目负责 丁建明　王仁贵
方案主创 杨　倩　曹　菲
设计顾问 何镜堂

建 设 单 位 江苏省交通工程建设局
设 计 单 位 东南大学建筑设计研究院有限公司
合 作 单 位 中交公路规划设计院有限公司、华设设计集团股份有限公司
主要设计人员 史苏敏　景国庆　李升玉　纪天卫　于智光

项目概况

张皋跨江通道位于锡常泰、沪苏通都市圈和沿江经济带的结合部位。该通道的规划建设是贯彻"长江三角洲区域一体化发展"国家战略、落实长江经济带发展的重要举措。跨江大桥是张皋跨江通道中的控制性工程,包括主桥及中汊桥两座千米级以上的大跨径悬索桥,其中主桥主跨达2 300 m,建成后将成为"世界第一跨度"大桥。

白昼鸟瞰效果

设计构思

"长江三角洲区域一体化发展"已上升为国家战略，项目桥梁建成后将成为长江经济带最具辨识度和影响力的人工建筑物，鉴于张皋跨江通道桥所处的重要位置与跨径规模，桥梁要达成以下设计目标：（1）打造长三角城市群具有示范性的地标建筑。（2）打造当代具有突出美学价值的标志性桥梁。（3）打造长三角文化同源地缘相亲的精神象征。

视觉焦点	景观过渡	文化溯源
2 300 m 主桥	引桥、连接桥	1 208 m 中汊桥
桥塔以简洁优美、雄伟大气为风格，创意主题以长三角一体化的国家大战略为背景。	引桥部分以环境协调、线条流畅为原则，以减少视觉干扰，是主桥之间连接的视觉过渡。	桥梁风格与主桥协调，造型以溯源区域文化为创意主题，体现地域性和文化性。

张皋跨江通道桥以"主桥为视觉焦点、引桥及连接桥为景观过渡、中汊桥体现文化溯源"的设计原则进行桥梁景观总体布局。

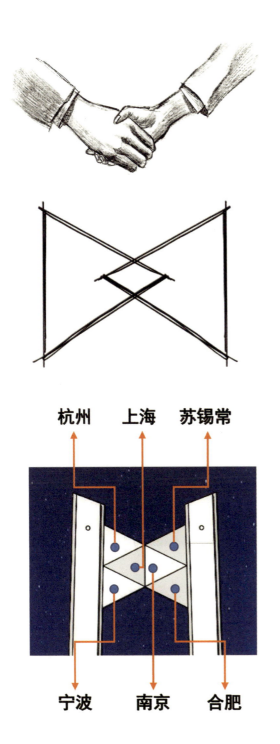
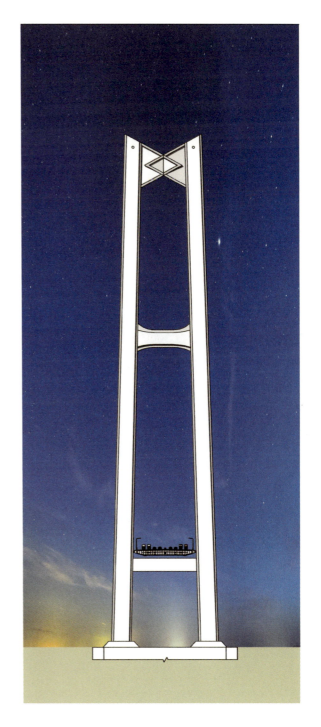

以"携手"为主题表达长三角一体化发展，通过塔顶处设计两块三角形体块相互交错、相互融合的造型，体现长三角城市携手共进，高质量发展。

横梁界面由六个曲面紧密连缀而成：象征长三角都市圈以上海为中心，南京都市圈、杭州都市圈、合肥都市圈、苏锡常都市圈、宁波都市圈五大都市圈的协同、一体化发展。

设计表现

塔顶"携手"造型横梁象征长三角城市群携手共进,也体现了中国与世界"携手前行,共同担当,同舟共济"的"人类命运共同体"理念。同时,方案融入水波等江南文化元素,展现灵动的江南水韵。桥梁方案设计体现了对中华优秀文化的传承与创新,向世界展示了中国包容的胸怀和大国的担当。

第二章
四维理念之建筑文化

中汊桥的桥塔设计方案与主桥桥塔设计风格保持一致，再次深化"携手"的设计创意主题。

案例 2-8：浙江宁波杭甬三期桥梁桥塔景观设计

项目负责 丁建明　王仁贵　　**建设单位** 宁波市交通运输局　　**主要设计人员**
方案主创 杨　倩　　　　　　　**设计单位** 东南大学建筑设计研究院有限公司　　曹　菲　濮岳川　纪天卫　史苏敏
　　　　　　　　　　　　　　　　合作单位 中交公路规划设计院有限公司

项目概况

杭甬三期桥梁桥位于宁波甬江入海口处，桥梁连接西侧沿海杭绍甬高速，两侧现状主要为港口重工业厂区，部分区域为旅游风景区和山体区。

大桥跨越甬江，采用跨径布置为（90＋250＋610＋630＋250＋70）m的五孔三塔斜拉桥。主桥桥面宽度为37 m（含拉索锚固区）。由于港区内基础尺寸受限且桥址区风速较大，从提高抗风性能考虑，拟采用辐射型空间索面、钻石型桥塔。

设计构思

杭甬三期桥梁的景观设计提升以文化提升为重点，按照"时尚性、文化性、美观性、标志性"的总设计原则，通过采用简洁、有秩序感的线条提升大桥的景观、文化品位。

宁波临海，有漫长的海岸线，海洋文化是城市最为显著、核心的文化。方案以海洋文化为中心，提取、凝练海洋文化元素，构筑桥梁景观与海洋景观、城市风貌相协调、呼应的建筑形式，展示区位独特优越的城市文化特色，营造富于"创新、活力、文化、时尚"特征的复合型滨海交通空间，打造以海洋文化为焦点的城市风景地标。

波浪为海洋文化的代表元素之一，宁波的名称取自于"海定则波宁"，本方案以三条波纹逐渐变缓的线条形象，诠释了"宁静的波纹"的含义，体现"宁波"的城市名称形象。

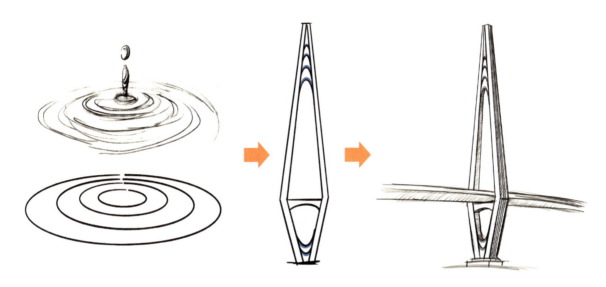

设计思路演变——波浪纹与桥塔的结合

设计表现

方案采用三塔斜拉桥，桥塔为钻石型。三道波形纹样自下而上，层层递减，布置形式为三维凹凸曲面，色彩方案采用桥塔清水混凝土本色为底色搭配相间的 1 m 宽蓝色波浪曲线条纹样式。蓝色线条在桥塔灰白底色的映衬下，显得醒目、灵动，使桥梁景观特色更加突出。

桥塔上部的波形条纹起于黄金分割点处，使桥塔看上去更加高耸挺拔。索塔下部采用与上部相同的波纹造型，下部造型设两道"波纹"线条与上部线条形式呼应、协调。桥塔的线条设置圆润、流畅，整体造型呈现出优雅的现代感。

　　大桥矗立在宁波甬江入海口，三座钻石型塔柱直插天宇，显得高大雄伟。波浪形的纹样使傲然挺立的钻石型桥塔多了一份婉约和优雅，别具一格的桥梁景观为风景秀丽的宁波港增添了"文化、科技、时尚"的多元视觉观感。

沿塔体"波纹"样式边缘凹面处设计灯带、蓝色的曲线条纹和亮化灯带的共同作用突出了桥塔的白天景观和夜景景观。白天呈现出的是高光与阴影结合、对比的立体效果，夜晚呈现的则是层次丰富的灯光亮化色彩，同时结合斜拉索上辐射、动感的亮化灯光效果，宛如一幅静谧、绚烂的油画，共同形成宁波港入海口的第一道门户景观。

桥塔侧面以直线条凹槽加以修饰，涂装色彩与塔身"波纹"相同的蓝色，条纹的设置增加了桥塔向上的崇高感。方案整体造型简约、大气，在雄伟壮观的气质中不乏典型的宁波海洋文化特色，桥梁建成后将成为宁波甬江入海口处最具地标意义的标志性景观建筑。

案例 2-9：江苏昆山青阳港桥梁群方案研究之金浦路大桥

项目负责 丁建明
方案主创 曹 菲

建设单位 昆山交通发展控股集团有限公司
设计单位 东南大学建筑设计研究院有限公司
施工单位 昆山市交通工程集团有限公司

主要设计人员

费 梁　陈素华　濮岳川　李升玉
赵蓉龙　朱志玥　景国庆　李瑞琪

摄 影 朱志玥 等

项目概况

昆山青阳港地区,是昆山未来城市中心区,开发区的中央商贸区。随着昆山的产业升级和城市发展,青阳港地区成为昆山新型滨水休闲生活商贸区。项目桥梁建成后,申张线青阳港航段干线航道的功能得到了充分发挥。

桥梁主桥采用 (30 + 54 + 90 + 54 + 30)m 五跨敞开式钢桁架梁桥,桥宽 35 m。桥梁于 2021 年 6 月建成通车。

设计构思

金浦大桥紧邻市政府，周围建筑密度大，车流人流众多。项目应尽可能减小桥梁对周边居民出行的影响，强调人行过桥的舒适性和两岸沟通的便捷性。方案重点是要打造与昆山地域文化相结合的桥梁外部形态。以青阳港航道升级为契机，项目工程将重构一河两岸新轴线，提升城市品位，打造昆山新名片。

桥梁方案以飘飒自如的漫卷昆曲"水袖"形象为设计蓝本，将水袖形神相合、动静相融的艺术魅力融入桥梁立面线形创作设计之中。

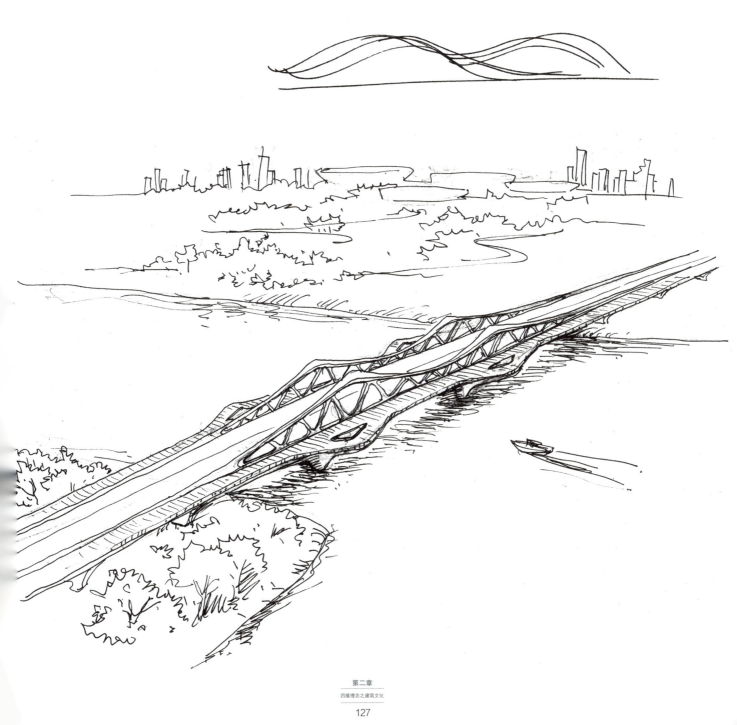

设计表现

钢拱肋此起彼伏,动感流畅,如水袖在空中漫卷飞舞,营造富于昆山昆曲文化艺术魅力的建筑作品。方案钢桁架钢梁组合结构的曲线动感优美,杆件组合虚实相间、节奏明快,使结构的设计感鲜明、突出。夜景景观通过线条灯的勾勒,使拱肋曲线更显圆润流畅、流光溢彩,体现了古典文化与现代技术的交融,桥梁建筑呈现出高雅的时尚美感。

项目负责	李秉南
方案主创	李秉南　杨　倩
建设单位	江阴市住房和城乡建设局
	江阴市规划局
设计单位	东南大学建筑设计研究院有限公司
施工单位	中国建筑股份有限公司

案例 2-10：江苏江阴临江路桥

主要设计人员　王雁楠　何初生　李甲丁　陈娟婷　曹　菲　张荣祺　张海平　季　杰　陈小兵
摄　影　夏正峰　王　坤　等

项目概况

临江路桥是跨锡澄运河桥梁工程之一，位于江阴市滨江公园与锡澄运河公园的交汇处，也是连接滨江地区锡澄运河两岸重要的城市道路，对于完善区域路网体系，加快滨江新区建设，均具有重要意义。大桥采用三跨变高度连续钢桁架桥，外观新颖独特，具有标志性。

桥梁桥型为三跨变高连续钢桁架桥，计算跨径布置为（40＋75＋40）m。

设计构思

本桥建筑设计借鉴了欧洲复古主义设计风格,但在设计表达上更加简洁、现代。方案以腾飞的雄鹰为设计意象。起伏的钢桁架向两侧舒展,如雄鹰展翅腾飞,表达了江阴市滨江新城积极进取、飞向未来的发展精神。

方案造型简洁、现代,富于韵律与动感,展现出结构的时尚美与科技美,其造型特质与城市周边体水体、湿地公园等地物环境相协调、切合。

设计表现

桥梁采用仿欧式钢桁架结构布局,桁架腹杆排列鳞次栉比,曲线型弦杆高低起伏、上下呼应,形成富有韵律感的运动序列。桁架塔顶设翼展2.2 m、高1.1 m的金色飞鹰,寓意大展宏图,鹏程万里。

桥梁将桁架线形的古典曲线美与韵律的现代节奏美相融合,刚柔并济;桁架整体造型赏心悦目、灵动多变,形态如展翼雄鹰傲霄凌云,彰显江阴市发展的张力和包容度,昭示城市必将迎来新的腾飞与蝶变。

案例 2-11：江苏如皋长江大桥

项目负责 丁建明
方案主创 丁建明 曹 菲

建设单位 南通如皋市交通局
设计单位 东南大学建筑设计研究院有限公司
施工单位 中国中铁大桥局集团第六工程有限公司

主要设计人员

费 梁 丁如珍 曹 菲 戴世宏 李升玉 姜长宇
陈娟婷 陈建军 曹睿明 夏正丰 谢群华 李 旭
葛万光 刘 琨 李 荣

摄 影 李雨舟

项目概况

如皋长江大桥位于如皋港港口连接线（一级公路）上，桥梁南起环岛东路，经东风滩横跨长青沙北汊，南接沿江公路交叉。如皋长江大桥是如皋市境内连接长青沙的过江通道，也是如皋以及苏北地区承南启北的重要交通走廊。桥梁处于长青沙休闲度假区，有一定景观要求。2010年3月如皋市对该项目设计进行方案竞标，经评审最终采用景观桥创作团队提出的仙鹤型双塔单索面预应力混凝土斜拉桥方案。桥梁于2010年11月8日动工建设，于2013年12月8日通车运营。

如皋长江大桥跨径布置为（95＋218＋95）m，主桥宽26.5 m，半漂浮体系；引桥为35 m装配式部分预应力混凝土连续箱梁。如皋长江大桥横跨南北、气势雄伟，桥梁建成后已成为如皋长江水道上一抹靓丽的风景线。

本项目在2015年全国优秀工程勘察设计行业奖评选中获市政公用工程一等奖。

设计构思

如皋，位于长江、黄海的"T"型交汇处，紧邻国际大都市上海，与苏州的张家港市隔江相望，是长江三角洲最早见诸史册的古邑。千百年来，如皋人携手自然，铸就了独具魅力的三张名片：长江、长绿、长寿。据统计，如皋百岁老人总数位居全国县（市）之首，占比高出国际标准近一倍，是我国沿海地带惟一的长寿之乡，也是处于工业相对发达地区的长寿之乡。

结合地域文脉特征，方案以"仙鹤"形象凸显如皋市的长寿文化。丹顶鹤被尊为天上的神物，是羽族之首，"松龄鹤寿"的佳话在中国津津乐道逾千年。自古以来，"鹤"就是长寿的象征。桥梁将仙鹤作为斜拉桥主塔的基本造型，擦亮了如皋长寿之乡的文化底色。

设计表现

长青沙大桥穿越休闲旅游度假区，桥头即为高尔夫球场，主桥采用仙鹤桥塔，形态高挑，宛如一对美丽的仙鹤长江之上翩翩起舞。高雅、飘逸的造型形态与美丽的自然环境相协调、呼应，体现了桥与自然、与文化的和谐，也体现了人与自然最美的相处。

方案桥塔采用雕塑手法，追求结构表现与文化意象的形神相似。桥塔形式独特、新颖，结构线条优美流畅，塔体丰富的断面变化和圆润的轮廓线条使结构形态生动、鲜活，避免了大体积混凝土建筑刻板、生硬的形象；辐射的索面以及大悬臂斜腹板结构的采用均使主梁显的更加轻盈，让桥梁形成向上展翅欲飞的动感和气势。

Chapter 3
第 3 章
四维理念之环境协调

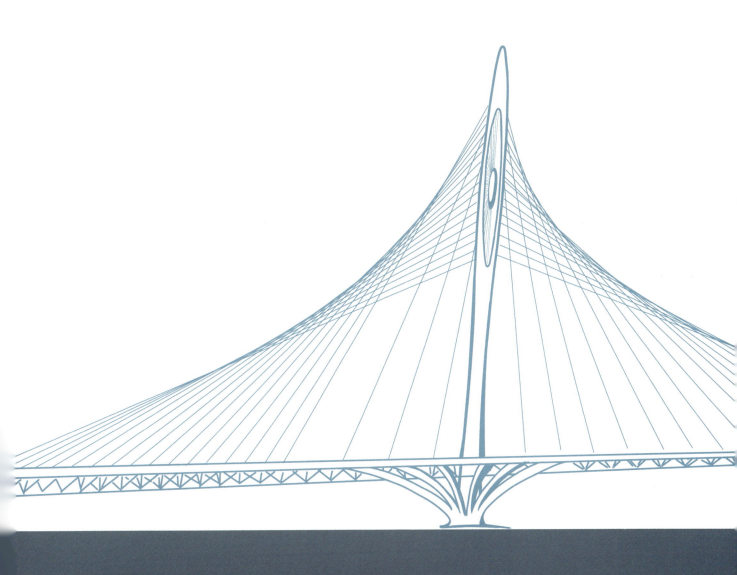

3.1 环境协调理念概述

桥梁作为一种大尺度的空间构筑物立足于环境之中，并与环境构成具有整体意义的景观。桥与周边的环境不可避免地存在相互作用和影响，因此景观桥梁设计不仅要关注桥梁本身的景观要素设计，还要着眼于桥梁与周边环境的关系，让桥与环境互动、结合形成一个完整的格式塔。所谓"格式塔"是阿恩海姆格式塔审美心理学理论的概念，用在这里是为了强调环境景观的整体性和有机性，体现完整意义上的视觉平衡和心理平衡。这种环境景观格式塔实现的关键是把握好桥梁与环境的关系，达成桥与环境的"和鸣"。

另一方面，随着城镇化战略的推进，城市更新计划不断深入，城镇的环境氛围和空间品质越来越受到人们的重视，人们对景观环境的审美要求在不断提高。从城市环境和自然环境中的城市公园、街旁绿地和特色风景名胜区等城市景观中可以发现人们对所处生活环境中美的需求也在不断增加，相应的，景观环境内的景观桥梁数量也大幅攀升。在这种社会背景下，实现桥梁在环境中的景观价值完美体现就显得尤为重要。

格式塔心理——人会将知觉到形象组织成整体

景观桥梁环境景观协调设计以桥梁为主体，以环境整体景观为对象，让景观设计成为美化桥梁主体及周边环境的手段。桥梁与人文环境景观的协调设计可以借鉴建筑设计的思想、理论和方法，通过对各类文化所蕴含的生态审美智慧的探求，塑造具有文化特色的环境审美情趣。桥梁与自然环境景观的协调设计则可以借鉴自然山川形势与自然万物姿彩，打造桥梁建筑的生命情调之美、生态和谐之美、生活意蕴之美。

结合桥梁规模与所处环境特征的不同，景观桥往往采取不同的美学表现形式。在与环境"和鸣"的设计理念中，突出"和"的理念。这里的"和"可以是"和谐"，也可以是"和而不同"。"和谐"强调桥梁与环境的共性，"和而不同"强调桥梁与环境在共性基础之上的个性。

个性桥梁形态与其所处环境呼应、协调的设计案例

桥梁形态与环境空间融合的案例（晨）

所谓景观桥梁设计的个性是要求桥梁结合桥位处的环境条件，以环境为背景、以桥为主体，采用桥梁技术风格比较突出的视觉表现形式，以展现桥梁结构的跨越感与现代感。比如斜拉桥、悬索桥以及大跨度的梁桥、拱桥在环境中往往是凝聚视线的核心视觉要素，桥梁的个性相对明显。个性突出的景观桥设计，一定要平衡好桥梁形态要素与桥位环境的关系，做好桥与环境的呼应与协调。

景观桥梁设计的共性则要求在设计上以地域自然、文化脉络肌理为基础，创意与环境特色相一致的桥梁作品。在桥与环境的共性设计往往以"融"的方式进行表达。"融"的设计思路是将桥梁与环境作为一个有机的统一体加以考虑。桥梁的总体设计需要充分汲取桥位区丰富的环境肌理、城市丰厚的文脉特征，以此打造设计风格与环境协调，结构创意与地域相契合的桥梁作品。

无论是个性设计还是共性设计，都应以对环境条件的分析判断为前提；桥梁与环境的协调在总体构思上要注重在时间、空间、环境三位一体上的综合设计。以桥梁沿线区域的人文环境、自然环境、建筑环境为背景，综合考虑桥梁空间与周边水域空间、绿地空间、山林空间等沟通、融合关系，以时间为轴线，分析建筑对历史时间的传承与延续，考察其在不同季节和昼夜不同时序下的景观效果，从而实现时间、空间、环境三元素在整体景观设计中的融合。

环境是时间与空间的综合表达

桥梁在时间序列中重点关注建筑对于城市文化的溯源，分析在过去、现在、未来不同时空文化环境中表现形式的发展和变迁；分析建筑形体在四季、昼夜不同环境时序下的景观效果营造。桥梁在空间序列中则要注意厘清围绕桥梁分布的各种环境空间的形态、功能与景观特征等。桥梁与周边环境空间的沟通、不同空间视点的桥梁景观效果等都是景观桥梁在环境协调设计中应该关注的重要内容。

环境是时间与空间的综合表达，景观桥梁的设计一定要重视对包括人文环境、自然环境和建筑环境在内的环境肌理的梳理，使景观桥梁的表现形式能够体现与环境的协调、呼应，必要时还要结合远景规划，做到前瞻性设计。

总之，对景观桥梁的要求不仅仅是通行功能，要特别重视桥梁在环境中的美学价值体现。以往的景观桥梁设计可能更关注景观美学在景观桥形态上的体现，而对景观桥在不同景观环境中的不同的美学价值重视不够，从而导致桥景观与环境景观的割裂，这一点应引起我们的注意。

桥梁形态在不同时空中的景观展示案例（夜）

3.2 环境协调理念设计实践

案例 3-1：浙江湖州马军巷人行桥

项目负责 何初生
方案主创 张恒平
设计单位 东南大学建筑设计研究院有限公司

主要设计人员

张敏方　张恒平　相　卫　陈　飞

摄　影 曲　钢　李雨舟

项目概况

马军巷人行桥位于湖州市中心城区,东接马军巷小区(国家级金奖、鲁班奖小区),西连中央商务区府庙街区。马军巷小区具有传统的青瓦粉墙江南民居特色,毗邻的中央商务区则尽显现代闹市之繁华,桥梁处于两者的衔接地带。

设计构思

桥梁在建筑方案的构思中，选用与水乡氛围相贴近的传统双曲拱桥方案。桥梁线条应简洁、流畅，使桥梁与周边城市环境更好贴合，充分抓住江南水乡清丽婉约的特点，刻画出一幅"小桥、流水、人家"的美丽江南水乡画卷。

设计表现

　　设计拱轴线采用自然流畅的悬链线。由于使用了现代混凝土材料，桥体更显轻薄、优美，色彩则选用与江南民居建筑色彩相近的白、灰两色。方案的设计风格实现了传统与时尚的融合，很好协调了城市中央商务街区与传统居民小区之间的建筑格调冲突。

　　沿拱圈外侧悬挂绿植吊篮，让桥梁充满生机与活力，也让桥梁与河道绿荫夹岸的自然风光融为一体。

案例 3-2：南京江心洲景观桥 3 号桥

项目负责 李升玉
方案主创 曹　菲　濮岳川

建设单位 中新南京生态科技岛投资发展有限公司
设计单位 东南大学建筑设计研究院有限公司
施工单位 中铁十九局集团有限公司

主要设计人员
丁如珍　兰　峰　费　梁　张海平　杨　倩　付鹏飞

项目概况

江心洲景观桥 3 号桥桥位地处江心洲湿地公园南部。江心洲古称"白鹭洲",又称"梅子洲",位于南京市西南部长江中,呈南北走向的江中洲岛,是长江上唯一的临近市中心的岛屿。桥梁东段均为住宅区,西段跨越湿地公园与环岛路西路相接,周边主要为原生态鱼塘和树林,环境清静自然。

桥梁跨径布置为(38 + 66 + 38)m,全长 147.16 m,上部结构采用上承式预应力混凝土梁拱组合体系。

设计构思

　　3号桥的设计初衷是要尽量减少桥梁对现状鱼塘肌理及植被群落的干扰，打造以自然生态为主的区域性景观，桥梁整个风格应更贴近自然野趣，富于生态特色。

　　江波是长江文化中具有代表性的文化意象，一曲"滚滚长江东逝水，浪花淘尽英雄……"尽显江波浩渺的慷慨与大气。设计师从长江波涛起伏的形态中受到启发，采用"江波"为意象，通过建筑艺术的笔触进行桥梁造型的琢磨与创作。

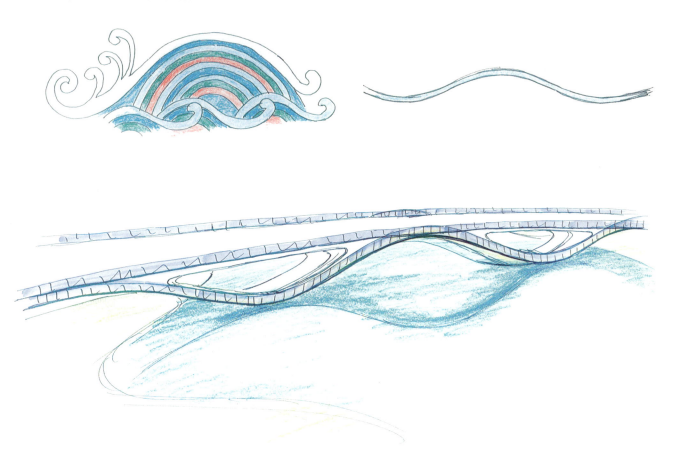

设计表现

　　桥梁梁拱造型采用自然流畅的波浪线，上下起伏犹如江波荡漾，极富长江文化中大气、秀丽的特质，方案造型写意出现代建筑结构流畅、飘逸的设计感，也寓意着江心洲的发展乘风破浪，勇往直前。

　　桥梁结构主体轮廓线采用优雅圆润的弧形曲线，富于节奏的起伏与变化，充满动感的水波线条桥梁轮廓与桥梁所处的长江水域环境能够非常完美的协调、融合，优雅的外观设计给人留下丰富的想象空间。方案将造型的线条设计与功能设计融为一体，通过巧妙的布局，让桥上空间与桥下空间有机结合，形成一个从地面到空中的慢行立体观景空间，让行人与周边景观环境形成深层次互动。总之，桥梁与环境的协调不仅体现在形态上的协调，更强调空间功能和交通功能在环境中的自然融入。

案例 3-3：南京太平北路过街天桥

项目负责 李秉南　丁建明
方案主创 李秉南　丁建明
设计顾问 齐　康　吕志涛

建设单位 南京地铁建设有限责任公司
设计单位 东南大学建筑设计研究院有限公司
施工单位 中铁四局集团有限公司

主要设计人员

何初生　李丰群　陈娟婷　周　诚

摄　影 陈　帅　景国庆

跨越的风景

景观桥梁「四维」创新理念与实践

项目概况

南京市太平北路过街天桥位于南京市四牌楼的文昌桥附近,跨越太平北路,是连接东南大学东西两个校区、方便师生和周围市民过街的重要通道。桥型为张拉式整体结构(桅杆式斜拉桥),其结构轻巧,富有现代感。桥梁主跨37.8 m,桥面总宽5 m。桥梁于2017年3月建成并投入使用,现已成为四牌楼区域一个新的城市景观。

本项目荣获2019年全国行业优秀勘察设计三等奖、教育部2019年度优秀工程勘察设计二等奖。

设计构思

太平北路是南京一条特色鲜明的园林景观道路，道路两侧绿树掩映，环境优美，周边文化氛围浓厚，是南京市著名的"水杉景观大道"。太平北路过街天桥不仅是方便两侧行人过街的通道，更应是这条景观大道上的重要风景。

从景观效果出发，有两大方面需要重点考虑。一是在结构上桥梁应尽量轻巧，减小桥梁对城市空间造成的压抑感。二是在建筑表现形态上要与太平北路道路景观环境相协调、呼应。

设计表现

为使桥梁形态与桥位环境尽可能协调、契合，桥梁索塔造型以道路两侧的水杉树树冠造型为蓝本进行设计。桥梁笔直的多塔柱与太平北路的水杉大道挺直的林木相协调，凸显结构的轻盈与跨越美，提升了周边环境的品质。

桥梁结构体系为梁、索塔张拉整体结构，是由一组连续的拉杆和不连续的（或扩充到连续的）压杆组合而成的自应力、自支撑的网状杆系结构。结构造型非常轻巧，充满现代感。新颖的结构体系与设计感强烈的外部形态也体现了东南大学土木、建筑、交通等学科融合发展的特色。

设计表现

案例 3-4：江苏苏州中心人行桥施工图设计

项目负责 姜长宇 **建设单位** 苏州恒泰控股集团有限公司
方案主创 美国 SWA 公司 **设计单位** 东南大学建筑设计研究院有限公司
 合作单位 美国 SWA 公司
 施工单位 中交一公局第二工程有限公司

主要设计人员 费梁 季杰 李旭 葛万光 何初生 丁如珍 周还 付鹏飞 王雁楠 高道文 高学伸

项目概况

苏州中心人行桥项目位于苏州工业园区湖西 CBD 核心区域，东侧紧邻国家 5A 级景区金鸡湖，跨现状星港街，连接苏州中心广场，是苏州中心景观工程及其配套工程的重要组成部分。

人行桥分为北桥和南桥，北桥主桥跨径布置约为（51＋25＋30）m，南桥主桥跨径布置约为（59＋40＋24）m。项目造型独特，为国内首个采用混凝土浇筑的空间异形刚构人行天桥；形式新颖美观，能够很好地与周边环境和文化背景融合。桥梁已于 2018 年 3 月建成并投入使用，建成后的桥梁形成了一道靓丽风景线，让当地居民的生活更加多姿多彩。

设计构思

苏州中心居苏州工业园区CBD核心区，是集商业、办公、公寓、酒店等多种业态为一体的苏州新地标。有别于传统城市综合体，苏州中心是兼具"包容性"与"生命力"的城市共生体，目标是打造一个人、自然、建筑与城市多元共融、和谐共生的有机体。

两座地景人行桥将东侧金鸡湖以香樟园、城市广场、湖滨新天地为核心的金鸡湖景区与西侧苏州中心商业联成一个有机的整体，在设计上要突出"创新、多元、活力、生态、文化、包容、共生"理念，让桥梁与苏州中心城市环境深度融合。

设计表现

桥体以大树生长为概念打造有机的雕塑感，桥上空间设计以"森林顶棚"为概念，在满足通行的基础上植入空中花园，使建筑和生态环境形成一个极具生命力的城市共生体。桥体上设置异形镂空天井，其上设钢结构顶棚，防止桥面落物影响桥下星港街车辆通行的安全。

桥梁观景平台中部设置椭圆型天井，让桥梁的形态更具有自然、生态特色。方案恰如其分地演绎了桥梁景观与环境的互动、共生。桥梁景观的多元性和多维形态与城市的自然风貌与建筑环境互为延展，形成高契合度的城市复合型共生空间。

案例 3-5：江苏如皋龙游河十字拱桥

项目负责　龚湘林
方案主创　李升玉　纪天卫

建设单位　如皋市城建投资有限公司
设计单位　东南大学建筑设计研究院有限公司
合作单位　如皋市规划建筑设计院有限公司
施工单位　如皋市水利建筑安装工程有限公司

主要设计人员

何初生　景国庆　吴　进　王　敏　鞠鸿楠

摄　影　李雨舟　等

项目概况

如皋龙游河十字拱桥位于龙游河及宝塔河汇合处,是龙游河宝塔河生态景观带的组成部分,桥型采用十字交叉的装饰拱桥,桥梁主体结构为16~36 m的梁式结构。桥梁连接福寿路、观风路,被当地称为十字桥。桥梁于2019年6月1日建成并投入使用。

本项目荣获教育部2021年度优秀工程勘察设计三等奖。

设计构思

桥梁项目是龙游河及宝塔河风光带的控制性工程。结合如皋市创建"河畅、水清、岸美、景绿"的城市生态空间格局和打造水韵灵性的幸福城市的要求,桥梁的造型形态宜与龙游河、宝塔河的生态水景相契合,同时要能与"两河交汇"的特殊水域景观环境相协调。

跨越的风景
景观桥梁「四维」创新理念与实践

设计表现

桥梁总体布局采用独特新颖的十字交叉结构，实现了桥梁结构和河道交汇环境景观的完美融合。方案以直描法勾勒河面水浪起伏的造型，并将其融于桥梁装饰造型设计之中。桥梁栏杆纹饰则选用中国传统文化中具有祛邪、避灾、祈福等寓意的"五圣兽"图案，非常接地气，体现了市民向往平安幸福的朴素愿望。

连绵起伏的十字桥拱如河浪翻滚，写意桥梁艺术的动感，其独特的节奏和韵律令人耳目一新。龙游河宝塔河生态绿廊穿桥而过，河岸慢行步道及园路蜿蜒曲折，为市民休闲健身提供了新的选择。

案例 3-6：江苏南通百吉桥

项目负责 李升玉

方案主创 丁建明　曹　菲　景国庆

建设单位 南通富都建设工程有限公司

设计单位 东南大学建筑设计研究院有限公司

主要设计人员

何初生　高道文　费　梁　郑肇鑫　王雁楠
葛万光　于智光　林　峰　谢群华

项目概况

通吕运河是连接南通主城区域所在的崇川区和港闸区的枢纽河道,她外通长江,紧贴城市核心经济圈,是内河运输的主要河道,被称为南通"第一运河"。拟建百吉桥呈"C"字型上跨通吕运河、竖石河和新江海河三条航道,其中竖石河、新江海河通航等级为四级,通航净空为 55 m×7 m,通吕运河通航等级为三级,通航净空为 60 m×7 m。

跨通吕运河桥方案采用主跨 120 m 的等截面桁架斜拉桥;跨新江海河桥方案采用主跨 80 m 的变截面桁架连续梁拱组合结构;跨竖石河桥方案采用主跨 66 m 的变截面桁架连续梁。

设计构思

按照通吕运河生态圈着力打造以"体育、休闲、养生、生态"为服务主题的绿色景观通廊要求，拟建桥梁设计风格要扎根于南通城市特色文化，让南通丰富的民俗文化、建筑文化、水文化等成为城市景观设计和建筑设计的原动力。在环境协调上要抓住桥梁位于新江海河与通吕运河相交汇处的大环境背景，营造两河区域生态湿地公园片区内最大、最具特色的焦点景观。

桥梁建筑设计基于当地纺织文化、水乡文化和生态性。梭型的桥塔与渔网状的索面与梁体结构均体现了桥梁建筑艺术与当地文化特色、生态环境的紧密结合。

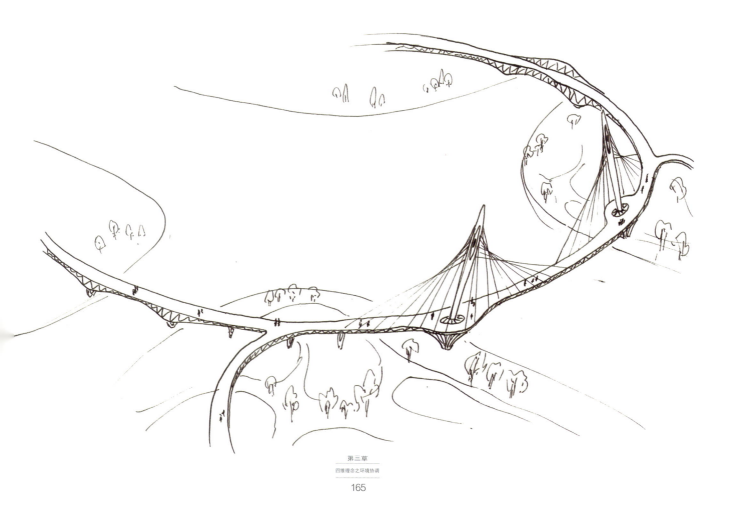

设计表现

整个生态湿地公园的景观结构按细胞结构模型理念进行布局。湿地景观是细胞质，中心景观桥是细胞核，也是整个景观区的核心部分，桥梁平面呈"C"字形。这条优美的"C"曲线将湿地公园凌波栈道湿地区、生态湿地垂钓区、微观昆虫观赏区及灯塔艺术展示区四个区域有效联通，桥梁平面造型及功能布局与湿地公园景观结构完美契合。

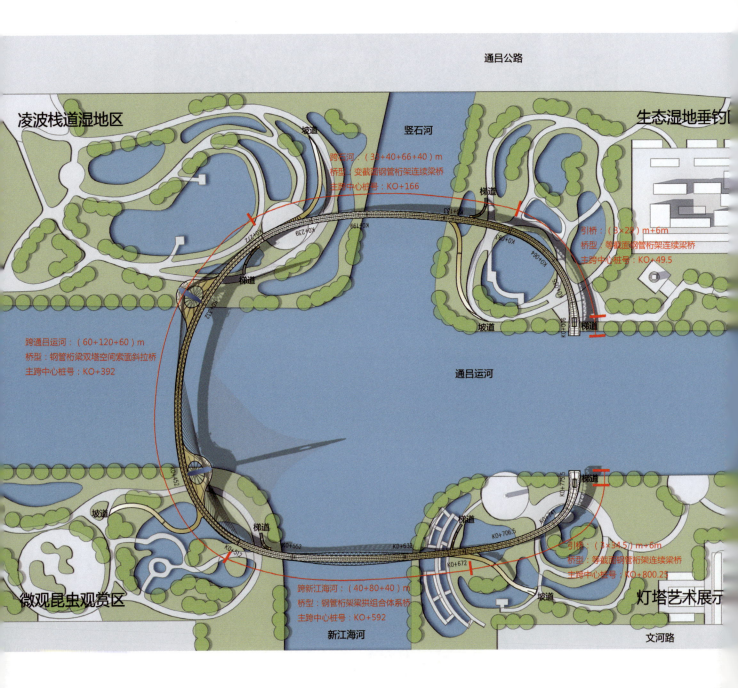

方案采用平面呈 C 形的高架形式布局，桥梁端部延伸至水中，并设置了两个休憩观景平台。为加强和湿地公园的四个主题景观区的有效联通，每个景观区均采用坡道和人行梯道，将桥梁和环境空间整合在一起，方便游人适意游览观景。

桥梁穿梭于青草绿木之间，宛如悬空漂浮的锦带。优美的曲线坡道与湿地生态环境中绿茵小道无痕衔接，营造出小道曲回、绿树掩映的湿地生态风貌，将桥梁与环境相协调、融合的设计理念表现得淋漓尽致。

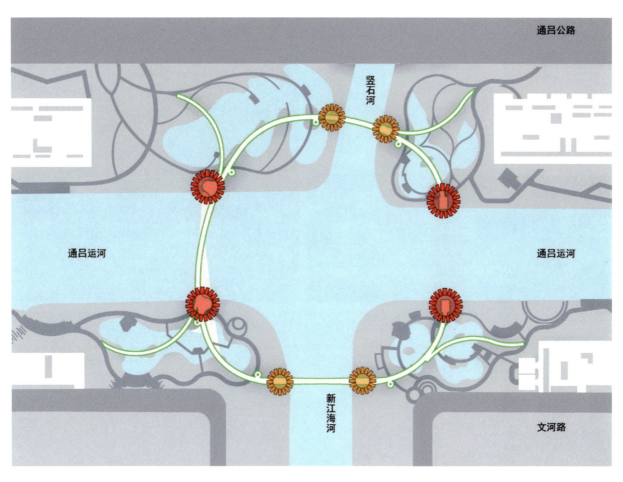

百吉桥主桥桥塔两头尖，中间鼓，边缘是弧形，形似织机纬纱上穿梭的梭子。错落有致的三维塔索网面，如织机上纬纱，又如渔夫抛撒的渔网。极具现代意味的塔索结构，又交织着源远流长的南通地方传统文化，从而勾起人们对南通纺织文化和渔文化的怀想。

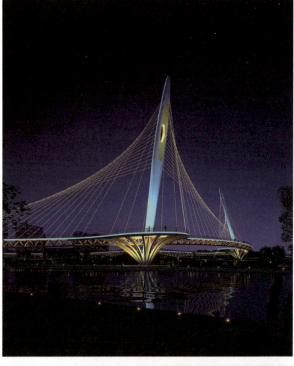

跨新江海河桥采用通透的空间桁架体系，建筑造型轻盈、流畅，极富时尚现代设计感。

桥梁在三维空间中婉转起伏,创造出行云流水般的美感;精心的灯光设计使桥体优美的曲线能更自由舒畅地挥舞在广场、河道和林地的上空。

案例 3-7：江苏昆山青淞路天桥

项目负责 陈娟婷　　　　　**建设单位** 昆山交通发展控股集团有限公司
方案主创 陈娟婷　　　　　**设计单位** 东南大学建筑设计研究院有限公司
设计顾问 丁建明　　　　　**施工单位** 昆山市交通工程集团有限公司

主要设计人员　何初生　张荣禛　张海平

项目概况

青淞路人行天桥位于昆山市长江路青淞路路口以北,新城域小区长江路出口以南,是连接长江路东西两侧行人非机动车过街的重要通道。项目区域周边小区配套成熟,产业以制造业为主,已初步形成产城融合的综合发展区。

桥梁采用三跨连续钢箱梁,跨径布置为(17.25 + 33.75 + 10.25)m,桥宽 4 m。桥上设顶棚,顶棚主结构采用钢结构的梁柱刚框架体系。

设计构思

考虑到周边的城市环境是以产城融合为特色，桥梁的设计风格宜采用简洁、明快的现代时尚风，在使用功能上应充分考虑使用者的过桥体验，提高桥梁的吸引力，让桥梁真正成为居民不可或缺的必需品，形成宜居、宜业、宜游的多功能城市家具。天桥的梯道除设置了供行人上下桥的短梯道外，两侧还设置了供无障碍推行的长梯道，体现结构设计的人本精神。

设计表现

青淞路人行天桥设计采用全范围覆盖圆弧形顶棚的设计，充分考虑了为行人遮阳挡雨的功能，营造安全、舒适的慢行空间环境。主桥、梯道以及顶棚的钢结构联为一个整体，共同承担各种纵、横向以及竖向作用，有利于结构的抗震和轻型化，同时保证了顶棚结构景观上的连续性，可谓一举多得。

桥梁的顶棚设计尤其具有特色。顶棚的纵梁在立面上为波浪形，横梁为弧形，屋面板采用浅灰色铝合金。结构的形式组合和色彩搭配使造型富于节奏和韵律感，与道路景观和城居环境氛围也非常贴合。

整座桥梁风格简约、轻快，具有良好的视觉通透性。时尚优雅、平和淡然的建筑风格，让桥梁与城市环境能紧密融合在一起。

Chapter 4

第 4 章

四维理念之多元体验

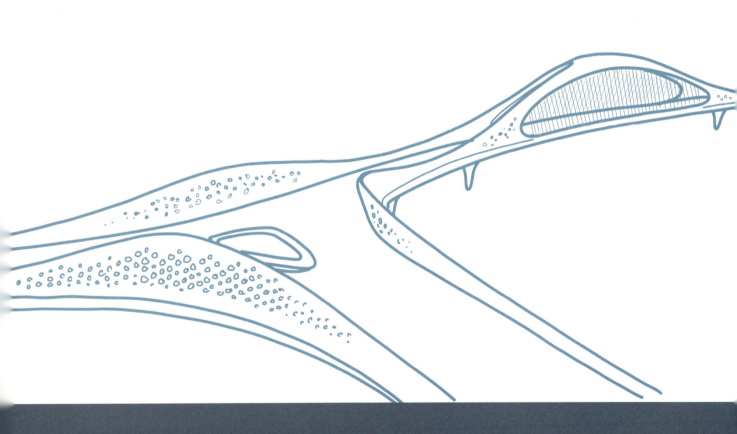

4.1 多元体验理念概述

何谓体验？体验是客观世界作用于人的主观世界并留下的思想印迹。体验到的东西使得我们感到真实，使我们可以随时回想起曾经亲身感受过的生命历程。不同的艺术形式和艺术内容会让人产生不同的认知与体验。春秋时期延陵季子游列国，于鲁国观礼乐，观《周南》《召南》则赞曰"美哉！始基之矣"；观《王》则曰："美哉！思而不惧"；观《郑》则曰"美哉！其细已甚，民弗堪也"；观《唐》则曰"思深哉！"。《左传》中的记载为我们生动再现了季子对于不同形式、不同内容的礼乐舞蹈所产生的不同体验。在现代社会中，体验具有更重要的作用。现代科技创新中的 AIP 应用创新制度，即"AIP 三验"（体验、试验、检验），以体验为首，强调以用户为中心，发现并解决用户的现实与潜在需求，搭建创新与应用之间的沟通桥梁，形成科技创新的技术进步和应用创新双螺旋驱动。受"三验"创新模式的启发，景观桥梁的创新理念设计也应建立以用户为中心的创新体验模式，实现创新语境下的桥梁景观表达。

创新体验模式

景观桥梁作为服务大众的公共设施，既是能愉悦精神的艺术品又是能服务用户的交通设施，作为"体验"的客体，它具有二重性。这种二重性不是割裂开来的，而是紧密的统一体，是景观桥梁实现"体验之美"必须关注的关键问题。景观桥梁的体验二重性体现了景观桥梁感性和理性的统一，即人作为主体与客体的桥梁、环境的统一，另外也体现了景观桥梁使用功能和造型设计的统一。景观桥梁通过理性的秩序及变化，使结构环境空间中展现出丰富的层次与内涵，从而激起人主观上的多样性意象及多元体验。

景观桥梁创作设计团队在桥梁的"体验之美"方面进行了很多思考和创意。总的来说，桥梁的体验要从感知体验、交互体验和情感体验三条路径入手进行创新设计。感知体验强调视听、触觉感官上的体验设计。交互体验则更注重用户在使用时与桥梁之间的互动、交互设计。情感体验强调心理认可度、归属感以及情绪体验。桥梁的体验设计首先要以"人"为服务焦点，强调人性化设计，重视调动和组织桥位处交通空间、水面景观空间、河岸公园绿地空间以及周边绿道等公共休闲空间的功能，丰富行人和游客的过桥体验与观景体验，增加人与周边世界在精神层面上的互动与交流。

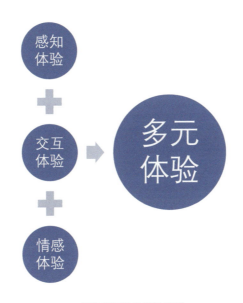

桥梁多元体验设计路线

桥梁多元体验感的构筑要以"人"为主，以"桥"为媒，统筹各种景观设计方法，让桥梁成为有活力、有趣味的鲜活生命个体。

（1）通过桥梁功能的拓展，将桥梁的交通空间与周边相邻城市空间结构结合在一起，体现"融合"与"易达"理念。尤其要重视桥梁上下空间的营造以及桥梁上下的沟通，借助桥梁将城市各片区分散的慢行系统连接成整体，打造开放、共享的复合桥梁空间，给市民提供更加丰富多彩的桥空间，让市民可以更加便捷顺畅地沟通河岸绿地与城市道路，提升桥梁使用者在桥上的空间体验和观景体验。

桥梁空间体验和与观景体验设计案例

（2）桥梁设计应以绿色生态理念为指导，将桥梁与生态地块打造成为有机整体，形成城市蓝绿交织体系的景观节点。引绿上桥，引水上桥，创意生态桥梁，缩短人与桥的距离感，营造舒适的、具有生态情趣的人行观景空间，将桥梁打造成城市客厅和城市阳台，成为利于城市居民休憩观景的场所，给桥位区域内的行人带来舒适的心理体验和审美快感。

将绿化与桥梁融为一体,强化桥梁自然属性,增加桥梁的时间感、季节感

(3)倡导"生息之城""文化城市"景观设计理念,采用新材料、新技术来强化桥梁的时间感、季节感和文化性,赋予桥梁以生机与活力,进一步加深桥的自然属性、人文属性,为人与桥的互动和共生创造更多的接入点,让人们充分感受到桥在时空和历史中更迭与变化,激发行人精神本原中的文化基因、自然基因,从而使人产生新奇、满足、兴奋、共情等丰富的情绪体验。

（4）借助夜晚灯光亮化展示了桥梁景观特质，展现城市空间多层次广阔视域，通过光影与色彩变化，凸显空间的连续性和运动性，让行人在空间的延展和时间的流动中品尝观景的乐趣，通过桥梁的亮化设计强化桥梁与人文、与环境的融合，加深居民与游人对于城市特色文化的印象。夜景与日景的对比，让桥梁呈现出不同的景观意象，拓展桥梁的景观价值，再次深化和丰富了景观桥梁的体验感。

以桥梁亮化设计强化桥梁与人文、与环境的融合

4.2 多元体验理念设计实践

案例 4-1：广东深圳前海合作区听海桂湾河桥

项目负责 陈娟婷
方案主创 曹 菲
设计顾问 丁建明

建设单位 深圳市前海管理局、深圳市建筑工务署
设计单位 东南大学建筑设计研究院有限公司
施工单位 中国一冶集团有限公司

主要设计人员

李丰群　丁如珍　陈翠丽　李秉南　戴世宏　曹　明
季　杰　兰　峰　文　峰　李升玉　高道文　林　峰
华　夏　高学伸

摄　影 孔　鑫　李雨舟　郑肇鑫　等

项目概况

前海深港合作区位于深圳西部蛇口半岛的西侧,珠江口东岸,地处珠三角区域经济发展主轴和沿海功能拓展带的十字交汇处,本项目桥梁位于听海大道与桂湾河水廊道的交叉节点,上跨桂湾河,是桂湾河上的第二座桥。

桥梁主体结构采用三维空间曲面异形预应力混凝土箱梁,梁体的截面沿桥梁纵向在高度、宽度以及底缘线曲率均按照非线性变化,主桥的跨径布置为(50+80+50)m。

本项目荣获2020年省城乡建设系统优秀勘察设计一等奖、2020年江苏省优秀工程设计一等奖。

第四章
四维理念之多元体验

设计构思

本桥地处城市人口高密度区,设计理念强调以人为核心,采用"人与自然和谐相处"设计主题,改变桥梁作为交通功能的单一功能模式,使之不仅成为地理空间交换的通道,还能成为人的心灵与自然、与海洋沟通的渠道,成为舒缓城市快节奏生活的媒介。

根据前海合作区活力水城设计理念,水廊道上的桥梁应尽量使用丰富的建筑手法,多变的结构造型,创造出充满活力及生意盎然的桥梁结构意象,通过桥梁与相连水廊道的结构呼应、沟通,打造"护水、观水、亲水、乐水"为核心的、富有"滨水个性"的城市建筑,让桥给使用者带来更丰富的观景体验。

设计表现

桥梁以"海之浪"意象为切入点，采用海上波浪起伏的曲线勾勒桥梁整体轮廓，营造结构良好的视觉体验。方案通过平面和立面变化，塑造如海洋世界般的艺术效果。流线型曲线鱼腹梁为主桥、变截面曲面钢箱梁为人行桥，两者结合形成高低起伏的梁底曲面如同海浪此起彼伏。

方案非常注重桥上和桥下的空间体验感的设计。在人行道桥和主桥之间种植绿化乔木，利用地面乔木穿出桥面，形成桥中有树、树中有桥的特殊景观效果，这种设计方式巧妙地将桥上与桥下空间有机组合在一起，给人带来奇妙的感触。

通过分离出的人行道形成一个变宽、下沉式的行人活动空间，并根据地形地势接入不同的景观区域，行人能够更多的亲近环境、融入环境，体验林间漫步的感觉。

人行道桥在跨中抬高至与主桥衔接，这样既能扩展观景视野，又方便行人灵活选择观景路线，让行人能够在空间转换之中品味不同的环境景观。

　　桥梁在两个鱼腹之间设有一串圆形采光孔，光线透入会让水面产生不同的光影效果，夜晚配合曲线环状灯带，桥底也会映射出一道道涟漪。地面植物可以穿越两幅桥间隙向上生长，更加丰富桥梁的色彩和景观，使桥和景完美融合。

　　灵活的空间布置，丰富的造景单元，多变的夜景亮化设计，让桥梁在不同时序、不同视点都能给人来多元的景观体验。

案例 4-2：广东深圳前海合作区梦海桂湾河桥

项目负责	陈娟婷		**主要设计人员**	
方案主创	曹 菲		李丰群　丁如珍　王葆茜　王　冲　戴世宏　陈翠丽　蔡　峰	
设计顾问	丁建明		袁晓燕　李升玉　王新辉　李　敏　华　夏　邹爱琴	
建设单位	深圳市前海管理局、深圳市建筑工务署		**摄　影**	曹　菲　李雨舟　建设单位提供等
设计单位	东南大学建筑设计研究院有限公司			

项目概况

梦海桂湾河桥是前海深港合作区水廊道上的一座景观桥，它位于振海路与桂庙河水廊道的交叉节点，处于整个前海的中心腹地，是连接桂湾片区和铲湾片区的重要纽带。梦海桂湾河桥是前海合作区开工最早的景观桥梁。桥梁采用预应力混凝土变截面鱼腹式连续箱梁，跨径布置为（50 + 80 + 50）m。

桥梁结构的外形采用现代元素浓厚的流线型三维曲面，造型如浮水之舟，其形体简约流畅，风格独特，具有很强的速度感。

本项目荣获教育部2021年度优秀工程勘察设计一等奖。

设计构思

由于桥梁处于戏水休闲区两滩区域内,为了便于游人休闲、娱乐,在桥梁结构布局上进行了亲水为主题的人性化设计。桥墩下部周边设置亲水池,游人可濯足嬉水,休闲散心,充分展现桥梁"水性、人本"的设计特点。

桥梁建筑造型源于海鱼鱼腹的流线外形,深化海洋与水的主题。桥梁空间重视生态环境的营造,桥面设置绿岛,种植树冠较大的阔叶林木,为敞开的人行道设置天然的遮阳屏障,将桥上空间打造成一个可供市民休憩的广场。桥上空间除了树木绿地外还可设置休闲桌椅和景观灯,明确区分集散人流和休憩人流,使得往来和休闲的人群互不干扰。

设计表现

桥梁形态通过对海鱼的仿生模拟,让结构富于海洋文化元素的设计感,流畅、简洁的曲面线形给游观者带来新奇的体验感。通过引绿化、水景、休闲设施上桥,打造桥上公园,桥梁集生态、文化、休闲等功能于一体,使桥域内的观景体验更加丰富、多元。

在桥两侧设置人行踏步或缓坡与桥下的景观绿地互通，使得桥两侧的人行栈道得以延续，同时增强边跨梁底的通透性，提升桥下行人的过桥体验感。1号墩的桥上水景与桥下的水池共同构成一个水循环系统，2号墩的墩梁交汇处设有叠级水池烘托此处的梁底造型。桥上跌水瀑布的设计使桥位水廊道的水景更加立体、丰富。

桥底利用灯光营造出繁星点点的浩瀚夜空景象，与真实的夜空交相辉映。在桥上水域部分采用灯光喷泉，为桥梁增添了璀璨迷人的水光奇景。桥梁层次丰富的夜景体验设计美轮美奂，令人流连忘返。

案例 4-3：广东深圳前海公共空间人行桥

项目负责 何镜堂
方案主创 丘建发　包莹　裴泽骏　包欢辉　苏皓　杨满思
设计顾问 王建国

建设单位 深圳市前海开发投资控股有限公司
设计单位 东南大学建筑设计研究院有限公司
合作单位 华南理工大学建筑设计研究院有限公司
施工单位 中建科工集团有限公司

主要设计人员

曹菲　李升玉　何初生　陈娟婷　李丰群　范婧婧
张欣欣　王雁楠　李甲丁　龚湘林　郑肇鑫　张荣禛
于智光　濮岳川　纪天卫　王新辉　王启慧

项目概况

前海合作区公共空间的四座景观人行天桥均位于桂湾片区，其中 G9 跨街公园横跨已建成的滨海大道，G10 桥梁横跨滨海大道及下穿隧道，落点南侧与桂湾河公园道路衔接，T5 过街天桥横跨已建成的梦海大道，T6 过街人行天桥横跨已建成的滨海大道隧道 U 型槽入口段，是经由滨海大道进入前海的门户性天桥。

G9 采用主跨 36.5 m 的折线钢箱梁桥，G10 采用主跨 51.5 m 的拱型桁架梁组合结构，T5 采用两跨带悬臂连续钢箱梁桥，最大跨 41 m，T6 采用主跨 67 m 的双层钢桁架桥。

设计构思

前海深港合作区定位为国际一流的现代服务业合作区，是深圳的重要门户片区，是粤港澳大湾区现代城市群的发展先驱。合作区桂湾片区重点发展包括超级商业中心等在内的生活性服务业，打造集中展示前海合作区整体城市形象的核心商务区。区域内的景观人行桥应赋予桥梁结构以艺术、智慧与人性的美，具有"活力、休闲、科技、时尚"的现代属性。合理布局和组织桥梁空间，利用步行系统空间的灵活性，使桥梁空间与城市周边的绿地、公园、水岸等的城市空间深度融合，打造具有"共享、开放、多元、安全"特征的都市休闲港湾。

G9方案——以"轻舟起航"为理念，结构简洁精致，构建城市多元交往新的活力场所。

G10方案——模拟"蕉叶"形态，打造生态桥梁理念，模糊自然与人工的边界，营造舒适的都市透气区。

T5 方案——注重时尚科技理念，展示信息时代的前海精致生活。

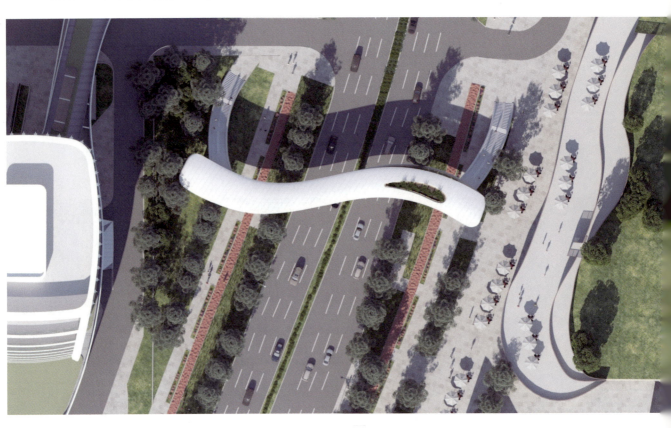

T6 方案——采用"云动潮起"设计理念，以人为本，构建自然景观与居民生活的人性化联系廊道。

设计表现

G9 桥的跨街公园设计使其成为汇聚城市人群的脉络、促进城市多元交往的新活力场所。桥梁充分考虑从不同方位和角度进行桥梁景观照明设计，将亮化技术与建筑艺术有机结合，拓展桥梁的景观表现，凸显桥梁虚实、动静的表现特征和空间变化效果，让人获得丰富的观景体验。

G10桥将大跨度结构与桥上景观进行融合设计，有机联系办公区、公交站与公园，营造生态绿色透气的通行体验。桥梁主体形态呈弧线，与周边建筑的造型风格相呼应。桥上空间将立体绿化、遮阳座椅、桥面种植等生态元素进行整合，实现从公交首末站平台屋顶花园、桥上公园、直到滨水公园的连贯生态体验。通过桥墩、梁底、桁架结构线条等的亮化表现体现桥梁大跨度的结构美。

T5桥设计结合周边互联网金融行业特点，强化精工智造，注重细节与工艺品质，强调功能上的舒适性，使之成为前海信息时代高效与精致生活的展示平台。桥内部空间设计风格现代简练，内外部空间采用遮阳百叶进行分隔，形成半透明空间界面。桥内空间设置绿化、座椅等休闲设施营造出科技化、未来化的空间体验，体现桥梁与城市的和谐共生。

T6 桥位于规划的空中绿廊之上，是串联滨海大道、休闲绿地与住宅区、学校等的便捷通道，也是由滨海大道进入前海片区的第一座天桥。桥梁致力于打造自然景观与居民生活的人性化联系廊道。

桥梁立面分为上下两层，上下层曲线线条互为呼应，底层曲线微微拱起，整体呈现轻盈通透的姿态，桥体南端深入桂湾河公园，形成开放的观景台。上层桥面设置轻质绿植带，柔化丰富空间氛围，营造舒适人性化的通行体验。二层设置种植挑台，桥顶局部透空引入天光，实现空间在竖向上的流动与沟通，使桥梁的空间体验更加生动、多元。

案例 4-4：四川成都天府绿道人行桥施工图设计

项目负责 杨建超　李丰群
方案主创 曹 菲　Dissing + Weitling

建设单位 成都天府绿道建设投资集团有限公司
设计单位 东南大学建筑设计研究院有限公司
施工单位 中建科工集团有限公司

主要设计人员

李秉南　陈娟婷　费 梁　戴世宏　李升玉　李 旭　葛万光
郑肇鑫　李瑞琪　王雁楠　周 还　张海平　夏正丰　陈建军

摄　影 成都绿道建设公司韩兴提供

项目概况

项目是锦城绿道项目南片区的重要组成部分。南片区位于绕城高速路（四环路）两侧，西起四环路接待寺立交（双楠大道），东至厦蓉高速狮子桥立交桥，含一级绿道64km、二级绿道86km。

景观桥梁创作设计团队主要承担了跨成渝高速桥和跨锦江及红星南路桥两座景观绿道人行桥的设计。

跨锦江及红星南路桥荣获中国公路学会2021世界人行桥奖铜奖。

设计构思

锦城绿道项目要求结合成都特色,以自然要素为依托和构成基础,串联城乡游憩、休闲、创新产业、历史人文、风景名胜等绿色开敞空间,以"文旅成华,乐活绿廊"为基本理念,以生态优先、特色突出、产业串联、舒适便捷、安全规范、低碳节约为原则,着力构建安全、便捷、舒适、高品质的城市慢行交通系统。

跨成渝高速桥结合项目周边环境特点及城市文脉特征,以市花芙蓉花为立意,打造一座"花之桥",达到既能"弘扬城市文化"又能"融合自然环境"的兼美设计效果。

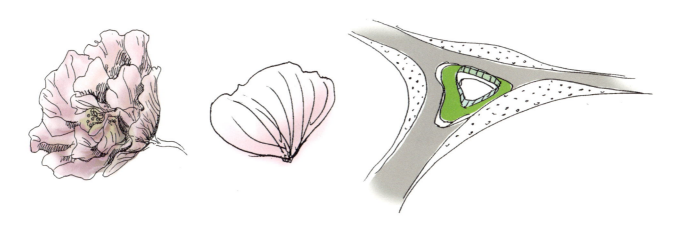

跨锦江及红星南路桥方案以"川竹蜀锦"为构思源头，采用"竹林生发，锦带飞扬"的自然形态塑造桥梁的结构形式。方案利用"拟物"手法，以"竹林"和"锦带"为形，以"生发、飞扬"为意，体现了传统文化与现代设计理念的融合，使桥梁兼具飘逸的现代设计感和丰富的文化内涵。

设计表现

绿道在跨成渝高速桥处分为两条主线，绿道三条线路在中间三角区汇于一处。这处三角区域是全桥最重要的景观亮点。桥梁以蜷曲的芙蓉花花瓣为创作意象，将护栏与梁体巧妙结合为一体，形成一个艺术感强烈的开敞创意空间——花瓣状观景平台。

观景平台三边的整体式护栏设计成羽翼状，栏板设可供观景、透光的圆孔，在中央三角区则打造有精美的"空中绿地"。行人可以在桥上就近欣赏绿植美景，也可以远眺诗意平湖区的优美风光。一近一远，相映成趣。

跨锦江及红星南路桥宛如一条锦带在绿色开敞的空间中飞扬，蜿蜒旖旎，成为锦城绿道上独特亮丽的风景线。高低错落、节奏明快的多塔桅杆斜拉式设计极富现代设计感，使桥梁成为区域辨识度极高的地标性建筑。

案例 4-5：浙江湖州风荷桥

项目负责 费　梁　姜长宇
方案主创 曹　菲

建设单位 湖州市城市投资发展集团有限公司
设计单位 东南大学建筑设计研究院有限公司
施工单位 中国二十冶集团有限公司

主要设计人员

葛艳丽　陈素华　何初生　李瑞琪　周　还　李　浩
周　诚　戴世宏　刘　洋　张海平　秦向杰　刘　亮

项目概况

湖州内环北线连接湖州北部片区，是北部区域对外沟通的重要通道，项目对于加强北部片区东西方向的沟通具有重要意义。风荷桥是湖州内环北线最引人注目的景观节点，也是本项目的控制性工程。

风荷桥跨越龙溪港，跨径布置为(90 + 128)m。桥梁主桥采用单塔双索面双层钢桁梁斜拉桥，半漂浮体系。桥梁断面按双幅布置，两幅桥间净距12.85 m，上层单幅桥总宽15.35 m，下层单幅桥总宽20.35 m；上层桥面连接主线6个车道，下层桥面连接辅道6个车道，人非机动车道悬挑于下层桥面外侧。

设计构思

道路是城市的一个走廊，而桥梁则是这个走廊上最突出的景观展示平台，是体现城市文化和城市风貌的最佳选择。风荷桥在整个项目中起到画龙点睛、提升工程景观品质的重要作用。结合项目景观定位及一跨过河等技术特点，方案选用独塔双层钢桁梁斜拉桥方案。

方案采用双层桥方案主要是由于南侧的西塞山路交叉口距龙溪港河道中心较近，仅约 250 m。双层桥方案可有效降低交叉口衔接高度，同时减少桥梁用地，提高城市空间利用效率。

湖州是一座具有 2300 多年历史的江南城市，也是环太湖地区唯一一座因太湖而得名的城市。桥梁在景观风格上要能充分展示湖州的江南水乡特色，让人能充分体验到城市特有的人文魅力。方案以江南水乡的青瓦白墙、翘角飞檐、回廊隔窗和时尚曲线元素为意象进行桥塔造型设计。

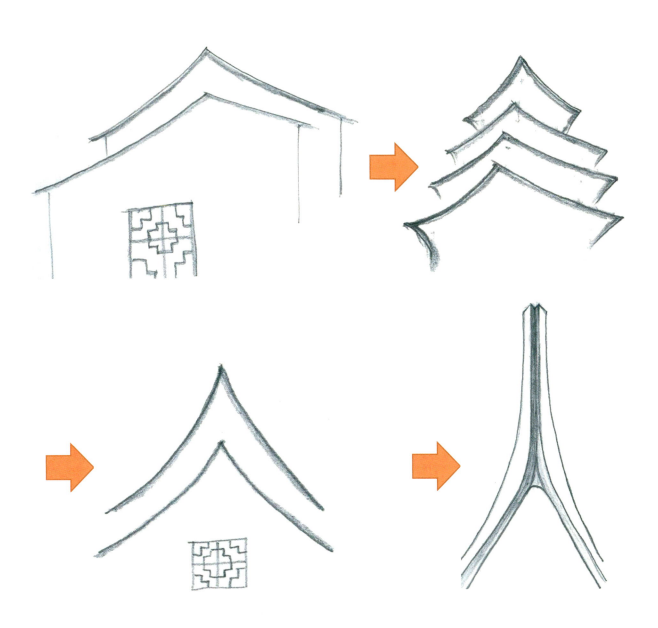

设计表现

江南典雅的水乡古韵和时尚现代的都市文化相结合,形成湖州古典文化和现代文化交相辉映的城市风貌。多元的江南文化元素,为桥梁造型创意提供了丰富的素材。设计以"风情江南,水乡湖州"为理念,以江南水乡民居建筑的设计元素为意象进行桥梁造创意。

方案将江南建筑的屋脊、檐廊线条与桥塔造型融为一体,桥侧采用疏密相间的江南宅院花格纹饰围合成慢行系统空间。方案中所蕴含的清旷灵秀、简洁淡雅的江南文化之风,让桥梁成为区域亮眼的建筑地标。

桥梁机动车道、慢行车道采用双层、错层布置,将桥梁慢行系统和快速交通自然分离,减少了相互之间的干扰。桥梁通过慢行坡道与周边城市绿道相连,使桥梁空间具备了开放、共享的特质。方案体现了"快通达、慢生活"的设计理念,让行人得到更加舒适和安全的通过体验。

在慢行空间的创意中,顶棚采用圆形阵列的透光板,使桥梁空间中的光影变化更加趣味多彩。临河护墙则采用形态别致的水乡花窗形式,既丰富了桥梁的景观层次,提升了行人的观景体验,又充分展示了湖州古色古香的江南水乡文化人文魅力。

案例 4-6：南京桥林胭脂扣桥

项目负责 陈娟婷
方案主创 曹菲 杨倩 濮岳川
设计顾问 丁建明

建设单位 南京桥林新城建设发展有限公司
设计单位 东南大学建筑设计研究院有限公司
施工单位 南京中建未来城市投资建设有限公司

主要设计人员 何初生 景国庆 龚湘林 姜严旭

项目概况

千年古镇桥林，位于浦口西南，城市水网发达，桥梁和历史遗迹众多，桥林镇因桥而得名。在最新的城市规划设计中，桥林的桥文化和桥景观是桥林镇开发建设的重要内容。

南湾街一号桥位于新桥林公园与石碛水韵区域中间，南湾街一号桥与环形桥相结合，连接河对岸景观湿地，方便游人穿梭于沿河两岸。胭脂扣环形人行桥方案采用桁架拱组合结构，桥梁南北向跨径布置为44.5 m，东西向跨径布置为50 m。

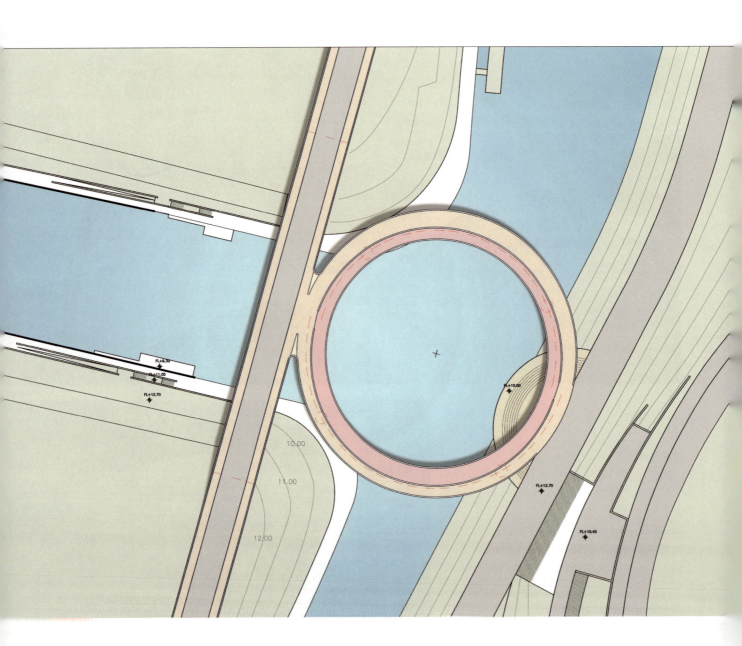

设计构思

南湾街一号桥与胭脂扣人行桥由于功能和景观要求而采用一体化设计,其上部结构形式均选用桁架拱组合结构,相似的设计元素使得两座桥梁完美融合,形成一个整体的标志性桥梁景观。

胭脂扣环形桥与南湾街一号桥相接,方案创意来源于桥林镇留传的"霸王别姬"凄美传说。方案以代表有情人"永结同心"的信物——胭脂扣意象来象征霸王与虞姬矢志不渝的爱情。

设计表现

胭脂扣人行桥由两个同心环形桥错层组成,双环在南湾街一号桥跨中和河道东岸堤顶路相交处融汇,在河道跨中形成上下双层结构,"环环相扣"的桥型使得胭脂扣的抽象概念有了一个具象的表述,形成独特的景观地标标识。

桥梁在河岸两侧各有两个出入口。桥面分两层,上层为交通观景平台,下层为舒适活动空间。桥梁空间充满变化,增加了行人游玩的趣味,结构风格多元、时尚,既满足了功能需求又美化了景观环境,为游人提供了极佳的观景游憩空间。

设计注重桥梁与沿河景观空间、慢行步道空间的衔接与整合,以行人在桥梁空间中的感受与体验作为关注焦点,采用多种设计策略提升桥梁趣味性。

独特的空间布局与结构相衔接,使桥梁空间集通行、观景、休憩功能于一体,形成步移景异的观景空间。置身于胭脂扣人行桥的桥景、水景之中,让游人会收获丰富多样、不同寻常的感官体验。

案例 4-7：江苏苏州盛泽镇滨水生态区人行桥

项目负责 陈娟婷
方案主创 曹 菲 杨 倩
建设单位 苏州市吴江区盛泽镇建设局
设计单位 东南大学建筑设计研究院有限公司

主要设计人员
姜严旭 徐营营 顾 煜 唐 琦 李美帅
李 怡 刘 洵 翟培杰 余翰林 武 娜

项目概况

人行桥位于江南运河与苏州吴江区盛泽镇田前荡的交汇处。江南运河是京杭大运河的南段，航道等级三级，两岸之间河道最窄处宽95 m。桥梁需一跨过河，水中不设墩。江南运河蜿蜒穿盛泽镇而过，使盛泽成为苏州的水上门户。作为跨越运河的人行桥，方案对于桥梁景观展示度具有较高的要求。

桥位西侧为潜龙渠公园和住宅区，东侧为滨河绿化景观带和住宅区。该人行桥建成后，可以贯通田前荡与京杭运河交叉口的河口，减少行人绕行，方便两岸居民自由互通。

设计构思

桥梁方案设计总体构思立足当地的文化资源以及优越的自然景观条件，注重桥梁与城市文化的融合，实现桥梁景观与城市环境景观的共融共生。功能上强调人的多元体验，实现桥梁空间与水域空间、河岸空间自然衔接。方案通过桥梁的艺术化设计手法展现苏州盛泽运河风光带的独特魅力。

设计目标：打造创意独特、结构巧妙 造型时尚、功能丰富的滨水景观人行桥。

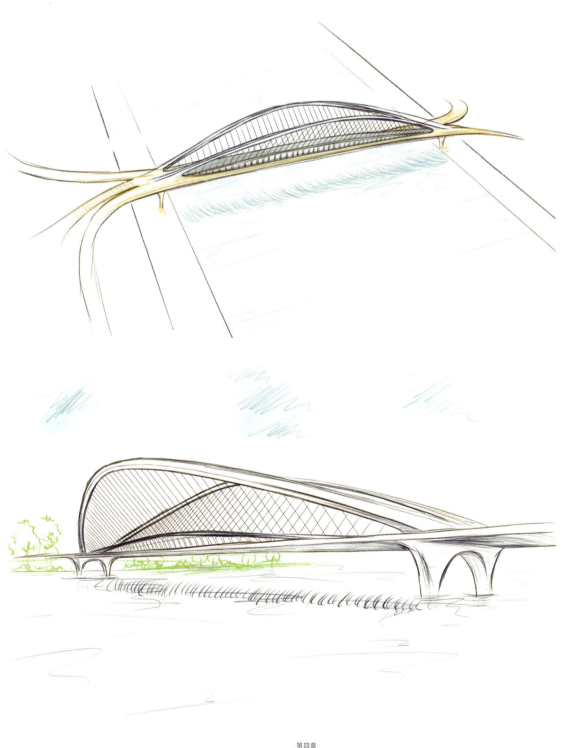

设计表现

　　桥梁整体呈现流线型设计，两道拱肋犹如两道飞翼衔接运河两岸。桥梁造型如织布的飞梭，如翩翩的飞蝶，其建筑造型与盛泽丝织文化紧密呼应，也与自然、生态的湿地环境相契合。桥梁采用双层设计使桥梁的空间层次更加丰富，提升了桥梁的景观展示度，也为桥梁增添了更多元的体验感和舒适感。

　　桥梁结构线条简洁、通透，无外侧结构物遮挡，为游人观景拍照提供了绝佳平台。

　　双层观景界面为行人提供更多样化的活动空间选择，极大提升了桥上的观景体验度。

　　桥上布置休憩设施，拓展了桥梁使用功能，为游人带来舒适的城市空间活动体验。

　　下层桥面支撑体系像飘在空中的锦带，时尚感、文化感十分突出，凸显盛泽"丝绸古镇、纺织名城、时尚之都"的城市特色。同时可提供遮阳和避雨功能，更好适应江南多雨的气候。

案例 4-8：山东济南新旧动能转换先行区引爆区横一路、横二路大寺河桥梁工程

项目负责 丁建明　李升玉
方案主创 MARC MIMRAM

建设单位 济南城建动能转换开发建设集团有限公司
设计单位 东南大学建筑设计研究院有限公司
合作单位 MARC MIMRAM INGENIERIE S.A.
亮化设计 天津朗程照明设计有限公司
施工单位 济南金日公路工程有限公司
　　　　　　济南城建集团有限公司

主要设计人员
曹　菲　陈娟婷　何初生　李甲丁
兰　峰　王　冲　付鹏飞　张海平
姜严旭　李　敏　付　杰　刘　亮
李立夫　陈　帅　马晓明

跨越的风景

景观桥梁"四维"创新理念与实践

项目概况

横一路、横二路是济南新旧动能转换先行区引爆区首期开工的道路建设工程，横一路、横二路大寺河桥梁横跨先行区中央绿轴和大寺河。

横一路为城市次干道，道路宽度32 m，双向四车道，设计速度40 km/h。横一路大寺河桥采用三跨梁拱组合钢结构桥梁，跨径布置为（42.5 + 93.5 + 26）m，桥面总宽36.5 ~ 41.5 m，按整幅桥设计。

横二路为城市主干道，道路宽度42 m，双向六车道，设计速度50 km/h。横二路大寺河桥采用钢结构梁拱组合体系，跨径布置为（37 + 67.5 + 40.5）m，桥面总宽37 m（含中分带），按双幅桥设计。

设计构思

桥梁的设计在功能上以先行区河道防洪规划与城市设计理念为基础，充分考虑市政桥梁的慢行交通功能；在景观上追求桥与环境的协调、桥与人的互动，体现城市景观桥梁的多样性和地标性，展现大寺河生态廊道的生态活力和自然休闲特质。

济南城市的核心文化是齐鲁文化。齐风豪放进取，鲁风温柔敦厚，济南城市文化体现出城市刚柔并济的人文特征。济南作为闻名遐迩的泉城，其泉水文化源远流长，泉水是济南最靓丽的城市名片和核心竞争力。设计团队通过对济南历史文化和城市代表性元素的解读，用"泉"与代表刚柔相济的太极来作为设计构思的基础。泉城刚柔并济的城市文化特征与太极互为印证。太极也代表着生生之源，无限、有序的运动是太极的运动特征。桥梁结构通过力与美同在的外形，泉与太极互表的阐释，象征起步区从无到有，有机生长，永序发展。

太极图

MARC MIMRAM 先生手绘图

设计表现

在设计表现上，两座桥均强调采用水平伸展的、柔和的曲线、曲面，而避免采用竖向高大的结构构件，让桥梁形态更显自然流畅，建筑气质也更加清雅和谐。桥梁梁体立面采用网状结构，透出结构的动感和生命力，其建筑表皮的曲面变化，形成虚与实、光与影、抑与扬的对比与共生，赋予结构体蓬勃的活力和永恒的呼吸感，带给人不同寻常的行走体验。

横一路大寺河桥

横二路大寺河桥

横一路桥由三组结构支撑桥体轻盈地跨过河面，非机动车道空间在平、立面布置上均与机动车空间有所分隔，使行人的过桥体验更加丰富、舒适。桥梁外形舒缓、大气、柔美、新颖，立面线条轮廓照应太极图衔接阴阳刚柔的曲线，体现了太极思想整体、有序运动的内涵，象征着桥梁将成为助推新区不断向前发展的永续动力。

人行上下桥梯道是桥梁主体结构的延伸，梯道沿拱形结构边缘自绿地延升至桥面，桥梁将花园、岸线、河道、桥面、天空连接在一起，消融了不同空间的界面，形成空间自然的流动感。桥梁独特的建筑魅力，将形成起步区的网红打卡点。

横二路桥的结构体系为上承式梁拱组合体系，三片钢拱梁通过横梁连接成整体，底部箱梁的外轮廓高低起伏，若流泉盘迂曲折，同时与大寺河河水的波澜相呼应。沿着曲面梁体，行人可经由人行梯道体会从河岸到桥面的上上下下不同的观景体验，使人的情感与桥梁、与环境形成共鸣。

设计从流泉、太极图中提取曲线造型，线条流畅、简洁，体现力与美的结合。外观色彩采用浅灰色，时尚、现代。结构丰富的内涵、优美的体态和精致的细节，将桥梁塑造成跨越大寺河的公共艺术品，营造经得起远眺、中观和近赏的建筑景观，从而能够吸引众多市民和游人，在此流连忘返。

案例 4-9：广东东莞龙涌人行桥

项目负责 丁建明　曹　菲

方案主创 濮岳川

建设单位 东莞滨海湾新区管委会

设计单位 东南大学建筑设计研究院有限公司

主要设计人员

李甲丁　濮岳川　李升玉　李秉南　龚湘林　史苏敏
景国庆　李美帅

项目概况

项目区地处穗、莞、深连接部，是粤港澳大湾区东岸最后连成片的滨海空间，未来将建设成为粤港澳大湾区协同发展特色平台、珠三角核心区融合发展战略支点、东莞高质量发展创新引擎、滨海生态宜居智慧城区。人行桥跨越东莞滨海湾新区滨海景观活力长廊——龙涌河道，场地现状驳岸已基本施工完成，公园绿地正在建设之中，西岸景观已经成形，桥位视野开阔，为桥梁景观打造创造了良好条件。

龙涌人行桥拟采用柔性曲面吊索、钢结构系杆拱桥，跨径布置（40＋85＋40）m。

龙涌人行桥方案于 2021 年 12 月 10 日上会讨论，获得了与会领导和专家的一致认可。他们认为东南大学建筑设计研究院景观创作团队提交的"湾区之眸"设计方案极具代表性和创作性；方案将观景体验与结构空间进行巧妙结合，能形成未来极具辨识度的龙涌人行桥标志。

设计构思

项目桥梁位于南邻交椅湾,西接滨海驿站,东连滨海公园绿岛,是将滨海景观廊打通的节点桥梁,更是滨海风光带上的重要景观节点,在景观风格的设计上宜凸显"科技、生态、休闲"主题。结合桥梁在区域城市环境中的位置,其总体景观定位为"新性、文化性、时代性和地标性"。

方案以"四维"创新理论为依据,构筑能体现湾区舒适与精致生活的,富于艺术、现代、动感的建筑景观;为生态宜人、功能丰富的滨海观景走廊打造景观亮点。

现场照片

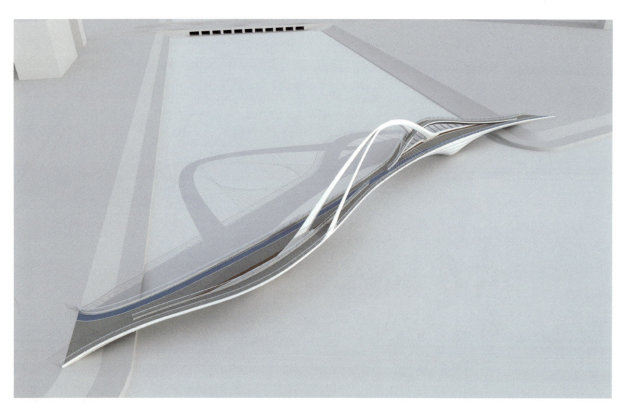

桥位白模

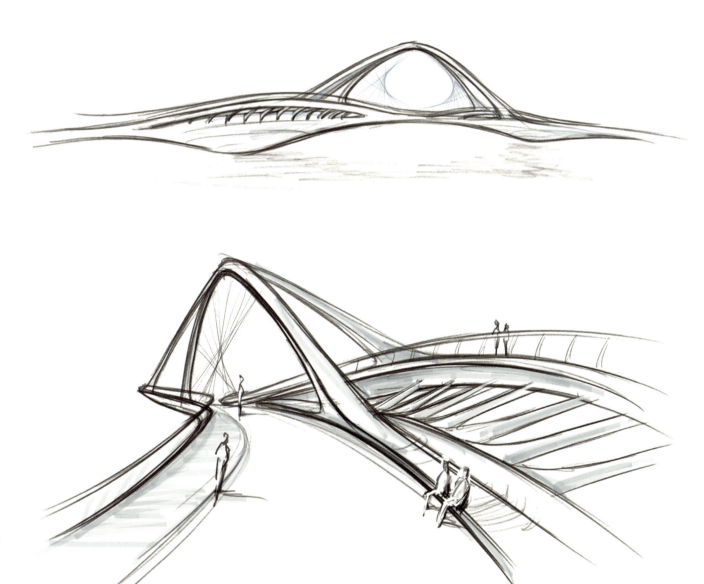

宋代诗人王观说"水是眼波横",本方案是以眼眸为意象,凝练"湾区之眸"设计主题。方案创意既与滨海湾新区的滨海环境相契合,又寓意了东莞临海远眺,放眼大湾区,志存高远,再创新辉煌。

设计表现

桥梁建筑造型以"眼眸"为设计意象,通过仿生设计和现代设计手法,来渲染桥位处时尚、活力的城市风情以及寥廓、大气的滨海湾海景。桥梁造型通过结构线条的平面与立体组合,营造强烈的空间感。通过结构曲线线条的组合与碰撞,使桥梁整体氛围更加具有流动性和冲击力。

桥梁两侧的观景步道,自然拱起并外挑,与主拱的动感曲线相呼应,同时在桥面形成错层空间,为游人划分出同行、运动、休憩及观景等丰富的活动空间。

桥梁的外观造型也借鉴了海湾曲折连绵的海岸线形态，凸显了东莞"顺势而为，砥砺前行，积极融入大湾区建设"的城市发展精神。

美妙的夜景灯光设计，使桥梁流线轮廓在城市的夜色中更加凸显；奇妙的造型设计营造出时尚、科技的现代都市文化氛围，从而产生出多元、新奇的感官体验。

为使桥梁景观设计获得最佳景观效果，团队对桥梁进行了太阳视线分析。根据项目所在地经纬度、太阳方位角及高度角等数据，选取岸边可视范围进行角度分析，并确定平面及剖面视线角度范围；将角度代入太阳轨迹图内，找到符合条件的太阳轨迹，使用 Enscape 软件进行景观效果验证。

桥位落日观景最佳区域

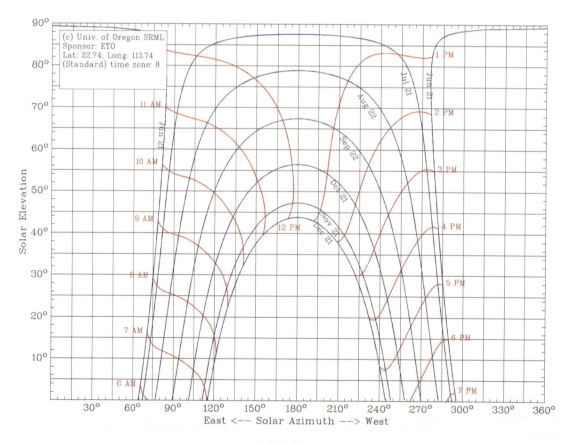

太阳轨迹图

经分析：每年9至11月、1至3月可于东北岸观赏到落日穿桥而入，12月则利于桥上或海上观赏日出。

后记

2000年，英国为了庆祝新千禧年在伦敦泰晤士河上修建了"银带"千禧桥（伦敦千禧桥），在纽卡斯尔泰恩河上修建了"眨眼"千禧桥（盖茨黑德千禧桥）。这两座桥充满了活力和创造力，其独特的景观表现和现代美感都让我深受触动。"我们也应该在中国大地上设计能成为风景的桥梁"，带着这个简单的想法，我和我的设计团队开始了景观桥梁创作的探究和实践，同时这也成为景观桥梁创作"四维理念"产生的最初契机。

实践出真知。20年来，景观桥创作设计团队在京津冀、长三角、粤港澳大湾区等20多个省设计了近100座景观桥梁。随着一座座桥梁落地，"四维理念"设计思想也越来越清晰、凸显，并最终促使我落笔成书。景观桥梁创作"四维理念"体现的是结构、建筑、交通、艺术等多学科的交叉融合，在成书过程中笔者深感自己学力的不足，加之专业背景和理论水平限制，书中疏漏甚至错误之处在所难免，希望广大专家、同仁不吝批评、多多指正。另外，我也期望本书能起到"抛砖引玉"的作用，为大家在景观桥梁设计方面提供一些可资借鉴的思路。

本书在成书过程中，得到了很多人的帮助。这里尤其要感谢黄卫院士等大师及专家为本书的编写提供了诸多宝贵意见和建议。书中相关设计案例的建设单位、设计合作单位、施工单位及对桥梁情有独钟的摄影爱好者为本书成稿提供了许多珍贵资料，在这里也向他们表示最为诚挚的感谢。创作设计团队中的曹菲、景国庆等同事为本书的文书编写提供了有力支持，在此一并表示深深感谢。

丁建明

2021年12月于南京